KB202577

목회철학

오늘의 목사가, 내일의 목사에게

목회철학

오늘의 목사가, 내일의 목사에게

백운주 지음
김일환 엮음

1판 1쇄 인쇄 2021.3.15.
발행처 우.리.가.본.
발행인 김일환
디자인 김다은
편집 김인선

등록번호 제 002호
등록일자 2020.8.1.
서울특별시 영등포구 신길1동 199-22호
마케팅부 kih1037@naver.com
ISBN 979-11-964985-1-1

오늘의 목사가 내일의 목사에게

목회철학

백운주 지음 | **김일환** 엮음

우.리.가.본.책

추천사

백운주 목사는 저의 친구입니다.

진심으로 존경하는 친구이며, 자랑하고 싶은 친구입니다. 신학교 1학년 때 만났으니 그와 함께 43년을 지냈는데, 그는 한결 같은 사람입니다. 그는 자신을 향상시키기 위해 정진 또 정진하였고, 목회자가 된 이후로는 牧羊一念, 오로지 맡기신 양 떼에만 마음을 둔 사람입니다. 그는 미국과 한국을 오가며 많은 연단을 받았으며, 수없이 많은 밤을 기도로 지새웠으며, 때로는 건강에 무리가 올 정도로 맡은 일에 최선을 다한 사람입니다. 그는 설교학을 전공한 사람이지만 그의 삶 자체가 은혜롭고 감동적인 설교입니다. 이 책은 하나님은 어떤 사람을 쓰시며, 어떻게 하나님의 사람과 동행하시는

가를 보여주는 증거입니다. 증가교회가 건강한 교회로 성장하며 선한 영향력을 미치는 교회로 자리매김을 하게 되는 데에는 오랫동안 준비되었던 그의 목회가 실효적으로 적용되고 있는 것을 보여줍니다. 이제는 동역자들과 신자들, 그리고 후배들에게 그의 사역 여정을 돌아보며 그의 값진 경험을 나누며 배우는 기회를 가져야 하는 시간입니다. 한 권의 책에서 이렇게 잘 정리되어 그의 사역을 한눈에 모두 볼 수 있다는 것은 커다란 축복입니다. 이 책은 자신에게도 앞으로 남은 사역은 어떻게 할 것인가 다짐하는 중간 평가가 될 것으로 믿습니다. 역사는 귀한 유산을 기억하며 새로운 비전을 꿈꾸며 나아갈 때 소망이 있습니다. 이 책을 읽는 목회자들은 그의 어깨 위에 서서 더 멀리 더 높이, 그리고 더 깊이 나아갈 수 있기를 바랍니다. 이 책은 백운주 목사의 거룩한 향취가 느껴지는 아름다운 발자취입니다. 그를 진심으로 알기를 원하시는 분, 그의 사역을 계승하고 싶은 분들이 반드시 읽어야 할 책입니다.

한기채 목사

(기독교 대한 성결교회 총회장, 중앙교회 담임)

백운주 목사님의 목회철학:

오늘의 목사가 내일의 목사에게...

본서는 크게는 2부로 나누어져 있고 대지가 9개에 이르는 비교적 넉넉한 구성적 요소를 가지고 있다. 이 책은 아주 특별한 방식으로 목사님의 삶과 철학을 우리에게 전달해주고 있는데 증가교회의 담임목사님으로서 백운주 목사님께서 가지고 계신 목회에 대한 철학적 소신과 그 실제적인 현장이 증가교회가 경험한 최근의 발전과정과 더불어 은혜스럽게 기술되어 있다. 그 안에 담겨있는 아름다운 내용들이 아주 흥미있는 경험으로 채색되어 있기에 이 책을 잡고 한호흡에 끝까지 다 읽게 되는 내용과 형식 모두 수작이라고 평가된다.

이 책을 통하여 알게된 목회자의 길은 매우 끊임없이 자기를 비우는 종과 개혁자이다. 그리고 그 근거는 한 선한 목사의 양심적 선택이 아니다. 백 목사님에 의하면 자기를 부정하면서 자기를 비워내는 지도자로서 목사의 근거는 건전한 교회론에 기초해 있다. 그는 스스로 "개혁된 교회는 항상 개혁되어야 한다(esslesia reformata semper reformanda est)"라는 종교개혁적 특성을 지적한다. 그는 교회는 하나님이 주인되시고 하나님을 섬기는 공동체라는 점을 확실히 한다. 하나님을 주인으로 섬기는 교회는 인간들의 자기애 때문에 여러 가지 난관에 부딛치게 된다는 것과 그래서 때로 전투적인 자세가 필요하다는 것을 알고 있다. 감사하고 기쁜 것은 백 목사님은 그것을 철저하게 실행하고자 노력하고 있다는 사실이다. 그리고 더 놀라운 것은 그가 그렇게 할 수 있는 모든 것이 사실은 결코 자신의 용기 때문이 아니라 하나님이 사용해 주시는 은총에 순종한 결과라고 말한다는 점이다. 그래서 그의 투쟁은 결과적으로 모든 교회의 성도들에게 유익을 가져온다고 말한다. 은혜가 회복되고 하나님의 주권이 반드시 드러나면서 우리 모두가 하나님의 백성으로서 각자의 자리에서 순종하면서 주님의 은총을 경험한다는 것이다.

이 책에서는 이러한 하나님의 목회의 현장이 잘 드러나고 있고 그를 통해서 큰 용기를 얻을 수 있다. 그러면서 동시에 실제로 우리의 목회 지망생들이 보다 구체적으로 닥칠 현장의 문제에 어떤 통

찰을 얻게 된다: 설교는 어떻게 해야 하는지? 어떤 예배가 더 하나님의 은혜에 상응하는 것인지를 배울 수 있다. 이 모든 일을 대할 마음의 자세와 목회자의 자기관리 항목에서도 어떻게 해야 하는지 아주 실제적인 도움을 얻을 수 있다. 이러한 실천적인 항목의 실제성은 증가교회의 성장과정을 겸한 그의 목회보고서에서 확인할 수 있다.

선배로서 백운주 목사님! 우리 교단에 이런 목사님의 아름다운 사역이 있다는 것이 자랑스럽게 여겨진다. 우리 후배들도 이제 한 좋은 예를 발견한다. 그리고 이 모든 일을 통하여 주님이 영광을 받으시고 그 분만이 존귀하게 되는 일이 더욱 왕성하게 일어나게 되길 기대한다.

황덕형 목사

(서울신학대학교 총장)

프롤로그

지구촌은 지금 코로나19로 열병을 앓고 있다. 그로 인한 혼란과 공포, 낙담과 불안은 이전에 인류가 겪은 그 어떤 문제와 비교해도 작지 않다. 세상은 나름의 방식으로 바이러스와 싸우고 있지만 사람들의 마음에 생겨난 의문에는 답할 길이 없어 보인다. 각 분야의 전문가들이 나름의 관점으로 사람들을 안심시키려 한다지만 사람들은 쉽게 수긍하지 못하고 있다. 그럼 교회는 어떠한가? 교회는 세상의 대안이 되고 있는가? 최소한 명확한 목소리라도 내고 있는가? 안타깝지만 교회도 바이러스를 직접 상대할 뾰족한 수가 없다. 다만 혼란의 세상을 삶아가는 성도들에게 한 걸음 내딛을 수 있는 힘과 용기, 평안과 위로를 전할 수는 있다. 길 되신 예수님이 우리와 함께 하시고 성경은 우리에게 충분한 길잡이가 되기 때문이다. 그런데 안타깝게도 세상은 교회의 목소리에 귀를 기울이려 하지 않는다. 길과 생명을 전해 주려 하지만 교회에게는 길과 생명이 없다며 귀를 막아 버린 형국이다. 교회를 보는 세상의 날카로운 눈빛은 어디서부터 시작됐을까? 전도와 선교의 현장에서 수없이 마주친 세상의 눈빛이 지금은 더 매섭게 느껴진다. 여기에 더해 성도들의 신앙생활은 큰 위협을 받고 있다. 먼 이야기로만 들어왔던 핍박의 이야기가 직장과 학교로 대표되는 삶의 현장에서 우리 이야기가 되고 있다. 코로나19로 촉발된 충격이 신앙생활의 근간까지도 뒤흔들려 하고 있다.

이러한 때에 일개 목회자의 목회철학을 책으로 내놓는 것이 무슨 도움이 될까 싶기도 하다. 그런데 가만 생각해 보니 현 시점에 책이 나오게 된 것이 하나님의 뜻은 아닐까 생각해 본다. 목회현장에서 성경적이지 않은 가치관과의 싸움을 하며 치열하게 살아온 목회자의 이야기가 지금의 교회 현실을 다시 생각하게 되는 단초가 되길 바래본다. 책을 읽어보면 알겠지만, 교회가 회복되고 건강해지는 방법은 단순하다. 세상에 본이 되고 세상을 향한 사명을 감당하는 길도 단순하다. 목사가 성경을 상고하고 그대로 살고자 발버둥 치며 말씀대로 목회하면 교회는 건강해 진다. 그러면 교회는 사명을 감당하게 된다. 하지만 그 단순한 원리가 목회현장에서 실현되려면 웬만한 결심만으로는 안 되는 것을 뼈저리게 느낀다. 거창하진 않더라도 목회철학이라고 말할 수 있을 정도의 확고함은 필요하다고 생각한다. 철학적 확고함이 있으면 넘어질지언정 포기하지 않으며 병들어 쓰러질지언정 실패하지 않는다. 그렇지 않으면 타협하게 되고 편안한 길을 찾게 된다.

이 책에는 내가 목회했던 두 교회 이야기가 나온다. 하지만 돌이켜 보면 한 교회처럼 보이기도 한다. 교회는 달랐지만 문제는 같았고, 상황은 달랐지만 해결책은 같았다. 얼핏 들으면 이미 답을 알고 있는 문제지를 풀어나가는 것과 같아보일지 모르겠으나 연필로 쓰는 답이 아니라 몸과 마음으로 써야 하는 답이었기에 고통이 없진 않았다. 열심히 하는 것만으로는 충분하지 않은 치열함이 있었다. 지난 일을 돌아보며 정리한 내용들이라 행간의 의미가 왜곡되진 않을까 걱정이다. 하지만 신앙의 같은 길을 걸어온 이들은 충분히 공감할 수 있으리라 생각한다.

나의 전공을 살려 귀납적 설교를 맛볼 정도의 내용도 담아 두었다. 목사는 곧 설교자다. 하지만 종합예술로 표현되는 목회현장은 설교의 중요성을 강조하는 것만큼이나 설교에 매진할 수 있도록 허락하진 않는다. 그래서 많은 목회자들이 자신에게 익숙한 방식으로만 설교 하기 쉽다. 그 방식이 익숙함을 넘어 탁월함으로 연결된다면 문제가 아니겠으나 목회자 자신에게만 익숙한 경우가 적지 않다. 그래서 발생하는 설교자와 성도와의 거리는 한 시간 정도로는 닿을 수 없을 정도로 멀게 느껴지는 것도 사실이다. 하지만 방법이 없는 것은 아니다. 오래 전부터 연구되고 확립된 설교방법을 배우고, 익숙해지기까지 훈련하고 연습하면 된다. 별 것 아닌 것 같지만 설교학과 그 이론에 입각한 방법론을 적용해 보면 금방 성도들의 반응을 확인할 수 있고 설교 전반의 변화를 경험할 수 있다. 이 책은 설교만을 주제로 한 것이 아니기에 이론과 실제를 제시할 수는 없었지만 그 부분은 멀지 않은 시일에 다른 책으로 엮어볼 생각이다. 여기서는 설교에 대한 도전만 받아도 충분하리라 생각한다.

책이 만들어지기까지 수고해 준 김일환 전도사님에게 감사한다. 김 전도사님과 대화로 나눈 모든 것들이 나 자신에게 또 다른 활력과 생동감을 불어넣어 주었다. 목회 후반기를 활기차게 매진할 수 있는 촉매재가 되었다. 바쁜 시간 부족한 글을 읽고 사려 깊은 추천사를 써준 교단 총회장 한기채 목사님과 서울신학대학교 황덕형 총장님께도 감사한다. 교단과 학교를 위해 불철주야 수고하는 두 분에게 뜨거운 응원과 격려를 보낸다.

사랑하는 아내요, 목회의 평생 동반자인 백애자에게도 감사의 말을 전하고 싶다. 십여 년의 유학생활과 미국에서의 교회 개척 때에도 든든한 후원자였고, 한국에서의 목회 중에 여러 차례 수술과 회복을 반복하는 중에도 목회자의 아내로서 초심을 잃지 않고 가장 열렬한 응원자요, 위로자가 되어준 아내에게 다 표현할 수 없는 고마움과 미안함을 전한다. 그리고 목회하느라 제대로 돌보지 못한 두 아들들! 그럼에도 불구하고 하나님의 은혜로 건강한 믿음으로 자라나 이제는 가정을 이루고 손자를 안겨준 아들들과 사랑하는 두 며느리에게도 감사한다. 그리고 얼마 전 태어나 어디서도 느껴보지 못한 기쁨을 주고 있는 두 손자들에게 고마움을 전한다.

마지막으로 나와 함께 사역하며 주님의 몸 된 교회를 위해 수고해준 목사님들, 전도사님들과 당회원으로 헌신과 노력을 아끼지 않은 장로님들께도 감사하다. 헌신과 순종으로 동역해준 장로님들의 노고가 없었다면 지금의 감사는 누리지 못했을 것이다. 그리고 항상 간절한 기도와 사랑으로 목사를 후원해 준 지나온 인천중앙교회 권사님들을 포함, 증가교회 권사님들에게도 감사를 전한다. 권사님들이 흘린 눈물과 땀이 두 교회의 자양분이 되었음을 누구도 부인할 수 없을 것이다. 그 외에도 부족한 종을 신뢰하고 사랑해 주는 증가교회 온 성도들에게도 감사한 마음이다. 그들과 함께 사역하고 신앙생활 수 있다는 것은 나만이 가진 특권이고 은혜라 확신한다.

이 책은 목회보고이자 다짐이기도 하다. 주님과 걸어온 길, 끝까지 걸어가기 원하는 간절함이 담겨 있다. 주님의 길을 걸어가는 동역자들에게 미약하나마 도움이 되길 바랄 뿐이다. 이 책은 나의 자랑도 업적도 아니다. 오직 나를 통해 일하신 하나님의 업적이다.

"지금까지 함께 하신 하나님, 영광과 찬송을 올려 드립니다. 써 주셔서 감사합니다. 모든 일은 주님이 하셨습니다. 모든 감사와 영광은 주님이 받으소서."

2021년 2월 마지막 날

백운주 목사

목차

2부 철학적 목회

중가교회

1부

목회 철학

대화전에

1. 백운주 목사는 현재 〈증가성결교회〉의 담임목사입니다. (2011년-현재)
2. 백운주 목사는 〈인천중앙교회〉의 담임목사였습니다. (2001년-2011년)
3. 백운주 목사가 목회했던 두 교회는 분열의 아픔이 있는 교회였습니다. 그러나 지금은 성숙한 교회로 변화되었습니다. 그래서 책에서는 백운주 목사가 어떻게 교회를 다시 세우고 회복시켰는지를 집중적으로 볼 수 있습니다.
4. 책에서 저자가 강조하는 것은 〈목회철학〉입니다.
5. 책의 구성은 1부 '목회_철학'과 2부 '철학적_목회'로 나뉩니다. 1부는 저자가 강조하는 목회철학이 무엇인지를 담고 있고, 2부는 저자가 목회철학을 바탕으로 어떻게 목회하였는지를 담고 있습니다.
6. 이 책은 서론, 본론, 결론 형식의 글이 아닙니다. 이 책은 대담형식의 글로써, 저자의 자간과 행간 사이에 숨어 있는 신학과 철학을 볼 수 있습니다. 그렇기에 저자인 백운주 목사와 대화한다는 마음으로 읽으시기를 권유 드립니다.

목회철학 ——— 서론

김일환 전도사
이하 김

목사님 만나서 반갑습니다. 저는 <우리가본 출판사> 김일환 전도사 입니다. 평소에도 <증가성결교회>에 대해 이야기를 많이 들었습니다. 성결교단이 굉장히 기대하고 주목하고 있는 교회라고 들었습니다. 그래서 그런지 궁금한 것이 너무 많이 있습니다. 목사님 개인에 대해서도, 교회에 대해서도요. 무엇보다 목사님이 평소 가지고 계신 '목회'와 '목회철학'에 관한 관점이 궁금합니다.

제가 출판을 프로포즈할 때, 누구보다 고민을 많이 하셨는데요. 무엇보다 이렇게 출판을 결심해주셔서 감사합니다. 그러면 본격적으로 목사님께 오늘 한번 마구잡이로 여쭤보겠습니다. 그래서 편하게 말씀해주시면 좋을 것 같습니다.

목사님 먼저 이 책의 서론으로 <증가성결교회>에 질문을 가져보려고 하는데요. 아주 간략하게라도 증가성결교회 연도, 지역적 특징, 규모, 교회부서, 목사님의 짧은 신조 등등에 대해서 이야기 해주시면 감사하겠습니다.

백운주 목사 이하 백

예. 만나서 반갑습니다, 김일환 전도사님. 우리 <증가교회>는 금년도 60년이 되었고요, 산동네에서부터 시작한 교회입니다. 교회가 세워질 당시 이 지역은 가난한 사람들이 주류이던 동네입니다. 그래서 <증가교회>는 가난한 이들과 함께하기 시작해서 지금까지 쉬지 않고 부흥해온 교회라 할 수 있습니다.

내가 부임한지는 만으로 10년 되었고 지금 네 번째 담임목회자입니다. 우리 교회는 은혜스럽고 성도님들의 전반적인 신앙이 참 좋습니다. 그런데 제가 부임하기 전, 교회에 소용돌이가 몰아친 적이 있습니다. 전임목사님이 은퇴하시고 새로운 목사가 부임하는 과정에서 무려 500여명의 교인들이 떠나가는 아픔이 있었습니다.

김 성도500명이면... 한 교회 혹은 개척교회로 따지면 10교회 정도 넘는 규모 같은데요. 정말 500명 정도 떠나갔다는 말씀이십니까 목사님?

백 네, 맞습니다. 참 가슴 아픈 이야기입니다. 본래 <증가교회>는 출석교인이 1300명 정도였습니다. 그런데 제가 부임했을 때, 첫 예배의 장년 숫자는 800명이었습니다. '800'이라는 숫자가 크게 보일 수 있지만, 500명이 떠나간 800명이 드리는 예배는 분위기가 굉장히 썰렁했습니다. 또 남아 있는 성도님들의 분위기가 좋은 것도 아니었습니다. 상처와 아픔, 오해와 시비 속에 남은 것은 미움밖에 없었습니다.

그러나 지금은 하나님의 은혜로 완전히 회복되었습니다. 부임 초기 3년 동안은 제가 큰 병을 얻을 정도로 힘들었습니다. 그러나 지금은 그 시간이 기억나지 않을 정도로 행복합니다. 그래서 **'하나님이 하셨습니다' '하나님이 하십니다'라고 고백하며 살고 있습니다.** 예배인원도 많이 회복되었습니다. 교회 주변이 개발되고 아파트 단지가 들어서면서 현재는 청장년 출석이 1500명 정도이고 다음 세대 아이들은 400명 정도 출석하고 있습니다.

김 목사님, 그럼 9년 기간 동안 거의 두 배 가까이 성장이 된 것이네요.

백 그렇습니다. 주변에 많은 인구가 유입되었기 때문에 그러지 않나 이런 생각합니다.

김 그래요? 그런데 제 생각에는 단순히 교회 주변에 많은 인구유입이나 재개발만이 요인은 아닌 것 같아요. 왜냐면 이 주변에 교회도 많고 이런 환경에 교회를 세운다고 해서 모두 다 성장하는 것은 아니니까요. 목사님 겸손하게 말씀해주셨지만 제가 듣기론 목사님의 설교나 목회철학이 동네에 영향력을 끼쳤다고 들었습니다.

목사님 그래서 여쭤보는데요. 짧게라도 목사님 교회 운영하시는 신조나 철학들을 이야기 해주시겠어요? 또 교회의 짧게나마 교회의 시스템도 이야기 해주시면 감사하겠습니다.

백 사실 목회철학은 말하기가 조금 꺼려집니다. 왜냐하면 '어? 그게 목회철학이야?' 라고 놀랄까봐 그렇습니다. **그래도 "목회철학이 뭡니까" 라고 묻는다면 나는 주저 없이 '목회는 싸움이다'라고 말하고 싶습니다.**

김 **'목회는 싸움이다?!' 이거 굉장히 특이하고 이상한 포인트인데요.** 조금 길게 설명해주시겠어요.

백 가장 먼저는 우리 기독교는 '프로테스탄트(Protestant)'라는 사실을 언급하고 싶습니다. 기독교인은 '프로테스트(protest)'하는 사람들, 항의하고 이의를 제기하는 사람들이잖아요. 비진리, 비성경적인 전통이나 사상에 대항해야 하는 것입니다.

그렇기에 기독교인의 기본은 싸움일 수밖에 없어요. 다시 말하지만 성경적이지 않은 것들과의 싸움일 수밖에 없습니다. 두번째로는 목회를 하면서 경험한 것들을 때문이라 하겠습니다. 제가 미국에 있을 때 개척교회를 한 적이 있습니다. 그리고 한국에 와서는 <인천중앙교회>에서 10년 5개월, 지금 우리 <증가교회>에서 10년 동안 목회를 하고 있는데, **담임목사로서의 목회를 돌아보면, 싸울 일들이 참 많았습니다.** 이 싸움의 개념이 '사람'과 싸운다는 것은 아닙니다. 그런 것 보다는 담임목회자는 교회가 건강하지 못한 그 부분들과 타협 없이 싸워야 한다고 말하는 것입니다.

강조해서 말하자면 하나님이 기뻐하지 않으시는 시스템, 기득권과의 싸움이라고 말하고 싶습니다. 하나님이 기뻐하시는 교회로 고쳐나가려고 하면 꼭 부딪힘이 있습니다. 그것은 정말 힘겨운 싸움입니다. 주님이 기뻐하시는 교회의 모습으로 하나씩 고쳐 나갈 때마다 거센 저항과 오해들이 항상 있었습니다. **그래서 저는 '목회는 싸움이다'라고 표현합니다.**

김 뭔가 숙연해지네요. 목사님 목회에 있어서 그 싸움은 한시적인 건가요? 아님 그게 평생의 여정인가요?

백 **이 싸움은 한시적이면서, 평생의 과정이기도 합니다.** 말했다시피 주님이 기뻐하지 않으시는 시스템과의 싸움이고 기득권과의 싸움이지만, 사실 가장 먼저는 나와의 싸움입니다. 그것은 죽을 때까지 해야 할 싸움입니다. 목사로서 내가 먼저 하나님 원하시는 대로 있지 못하면 하나님 앞에 떳떳하지가 못합니다. 그래서 제 자신과 아내에게 이야기합니다. '조금이라도 교인들에게 목회자로서 흠있는 모습을 보이지 말자' 라고 말입니다. **그런 목회자의 철저한 자기관리가 제 목회철학의 초석입니다.**

김 목사님 이 부분에 있어서 질문하고 싶은 것이 많은데, 추후에 본격적으로 질문하겠습니다. 이번에는 증가교회에 운영되는 시스템을 조금이라도 설명해주시겠어요.

백 어느 교회든 시스템은 있습니다. **그러나 시스템을 만들 때는**

중심과 합리성이 매우 중요합니다. 교회 시스템의 중심은 하나님이 되셔야 하고 교인들에게는 합리적이어야 합니다.

예전에는 은행에 가면 창구 앞에서 서로 자신의 일을 먼저 처리해달라고 통장을 들이밀었던 시절이 있었습니다. 그때는 목소리 크고 험상궂은(?) 사람이 우선권을 가집니다. 한마디로 은행이 아수라장 같았습니다. 그런데 그것이 어느 순간 싹 정리가 되었습니다. 해결방법은 단순합니다. 번호표를 뽑게 한 것입니다. 번호표 하나가 설치되고 나니까 더 이상 창구 앞에서 실랑이 할 필요가 없어졌습니다.

저는 이것이 시스템이라고 생각합니다. 교회도 이런 시스템을 갖춰야 하는데, 그러기 위해서는 누가 봐도 합리적이고 하나님을 기쁘시게 해야 한다는 중심이 있어야 합니다. 그런 시스템을 가지고 있다면, 그 어떤 문제가 와도 교회는 건강하게 순환한다고 확신합니다. **그래서 <증가교회>에서는 '국과 팀'이라는 시스템을 만들었습니다.**

김 '국과 팀'이요? 이거 굉장히 신선한 개념인데요. 일반교회에서는 교회 시스템이라고 한다면 흔한 획일적 구조잖아요. **담임목사님 → 당회 → 부교역자 → 평신도의 구조잖아요.** 그런데 이런 것 없이 국과 팀이라고 하니, 뭔가 신선합니다. 이것이 무엇인지 구체적으로 설명해주시겠어요?

백 저희 교회도 원래는 그런 구조였습니다. 이 구조 속에서 새로운 시도를 해보지 않은 것은 아닙니다. 그러나 아무리 해봐도 이런 구조 속에서, 새로운 교회를 만들기는 어려웠습니다. 막히고 고민이 될 때마다, '주님이 기뻐하시는 교회는 무엇일까?' 기도하게 되었고 그 때, 하나님이 주셨던 마음이 있습니다. **그것은 주님이 기뻐하시는 교회가 되기 위해서 담임목사, 장로, 부교역자들, 성도들이 모든 자리에서 활성화 되는 것입니다.** 즉, 왕성하게 움직이는 것이었습니다. 흔히 혈액순환이 잘 되어야 몸이 건강하다고 하잖아요? 교회의 조직과 시스템도 마찬가지입니다. 혈액순환이 잘 되어야 합니다. 그래서 만든 것이 국과 팀입니다. 교회의 모든 조직, 모든 시스템이 왕성하게 움직일 수 있도록 14개국 100개 이상의 팀을 만들었습니다. 국장은 보통 장로님들이 맡습니다. 그러나 전문성과 역할에 따라서 안수집사님과 권사님들도 맡습니다. 그러니까 국장의 영역에 있어서는 직분에 상관없이 동등한 사역을 하는 것입니다. 그리고 팀장만 해도 100여명이 있습니다. 그리고 팀원들이 있습니다. 결과적으로 사역이 활성화되고 역동적인 교회로 변화될 수 있었습니다.

김 목사님, '국과 팀'에 대한 부분들이 굉장히 신선한데요. 그런데 문제점은 없을까요? 또 최대 장점은 무엇인지도 궁금합니다. 무엇보다, 어떻게 이렇게까지 생각하게 되셨는지도 궁금합니다. 그러나 그것은 이 책의 본론 부분에서 더욱 깊게 여쭈어 보도록 하겠습니다.

이 책을 읽는 독자들을 위해서 <증가교회>에 관한 표면적 질문을 조금 더 하도록 하겠습니다. 지금 부교역자님들은 몇 분 정도 계신가요? 그리고 부교역자들을 뽑는 기준은 어떤가요?

백 <증가교회> 부목사님들이 6명이고, 풀타임 전도사님이 1명 있습니다. 파트타임 전도사님은 7명이 있습니다. 보통 부교역자들을 뽑는 기준은 '눈여겨 봄'입니다. 이게 말이 조금 웃기지만, 이력서를 보고 사람을 뽑기보단, 그 목회자의 됨됨이를 보고 또 봅니다. 그리고 무엇보다 관계를 중요하게 생각하는 목회자인지를 봅니다.

그런데 이렇게 눈여겨보는 것이 하루아침에 되는 것은 아닙니다. 우리 부목사님들은 저와 인연이 깊습니다. 부목사님 중 한 분은 제가 신학교에서 가르칠 때 눈에 들었던 엘리트 학생이었습니다. 천천히 눈여겨보았습니다. 참 좋은 사람이었습니다. 이런 분들은 몇 년 지나면 함께 사역을 하는 관계가 됩니다. 이런 식으로 뽑기 때문에 우리 목회실의 팀웍이 아주 좋습니다. (웃음) 그리고 우리 교회에 신학생으로 있던 청년이 전도사로 사역을 하게 되기도 합니다. 역시 눈여겨 본 결과입니다. 또 어떤 분은 전도사로 사역했다가 파트타임으로 올리고, 파트타임으로 섬겼다가 또 풀타임이 되기도 합니다. **저는 기왕이면 우리**

안에서 키워주고 이끌어주며 세워주기를 원합니다. 그래서 저는 새로운 사람보단 함께 있었던 사람들과 사역하길 원하고 오래 지켜본 분들과 사역하는 것을 선호합니다.

김 오, 너무 좋은데요?! 그런데 외부에서 <증가교회>를 지원하고 싶어도 기회가 없는 것 아닌가요?(웃음)

백 아닙니다. 지원을 받아서 뽑기도 합니다. 그러나 기왕이면 함께 했던 사람들을 세워주는 것이 더 좋은 것 같습니다. 물론, 외부에서도 간절한 마음으로 지원하겠지만, 내부에 있는 분들도 그 점에 있어서는 동일합니다. 오히려 그들은 더 감사한 마음으로 교회를 섬깁니다.(큰 웃음)

김 **사실, 너무 신선합니다.** 보통 교회에서 그 교회 신학생 출신이라고 한다면 '선지자는 고향에서 환영을 받을 수가 없다'는 명목으로 다 내보냅니다. 그런데 목사님은 반대로 교회 출신이고 교회에 신학생이 있다면 더 끌어주시는 거잖아요. 솔직히 교회 안에서 신학생 출신이라면 분명 모(母) 교회에서 사역하길 희망할 것 같습니다. 무엇보다 모(母) 교회에서 설교를 할 수 있다는 건 아주 영광스럽게 생각할 것 같아요. **갑자기 증가교회 설교의 시스템이 궁금한데요. 설교의 기회 배분은 어떻게 하시나요?**

백 저는 우리 부목사님들에게 가급적 설교를 많이 하게합니다. 그리고 파트타임 전도사님들도 일 년에 한 번은 수요예배 설교를 하도록 합니다. 왜냐면 제가 미국에서 유학할 때 부교역자로 있으며 겪었던 서러움 때문에 그렇습니다. 어떤 서러움이었냐면, 담임목사님이 설교를 안 시켜주시는 것입니다. 그때 제 안에 두려움이 있었습니다. '이렇게 설교를 못해보면, 나는 어떻게 목회를 할까?', "나도 설교를 해야지 목회를 할 수 있을 것 같은데..."라고 말입니다. 그때 했던 결심 가운데 하나가, 나중에 내가 담임목회를 하면 우리 부교역자들에게 설교 기회를 많이 줘야겠다고 생각했습니다.

또 하나 중요한 경험이 있어서 입니다. 저의 모(母) 교회가 역촌성결교회입니다. 역촌교회를 개척하셔서 크게 이루신 분이 김효겸 목사님이십니다. 참 멋지신 분입니다. 저는 김효겸 목사님께서 추천서를 써주셔서 신학교에 갔습니다. 한번은 신학교 1학년을 마친 어느 날, 김효겸 목사님이 "백 선생, 설교 한번 해" 라고 하시는 겁니다. 그때 깜짝 놀랐습니다. 아직도 그때의 놀람이 있습니다. 목사님께 대답했습니다. "목사님, 저는 교양과목만 했는데 설교를 어떻게 하나요?" 그랬더니 목사님이 "그래도 신학생인데 설교를 한번 해야지.." 라고 하셔서 한 달을 준비했습니다.(웃음)

설교 한 편을 한 달을 준비하고 마음이 얼마나 감격스러웠는지 모릅니다. 설교한 날이 주일 저녁이었는데 어른들이 쫘-

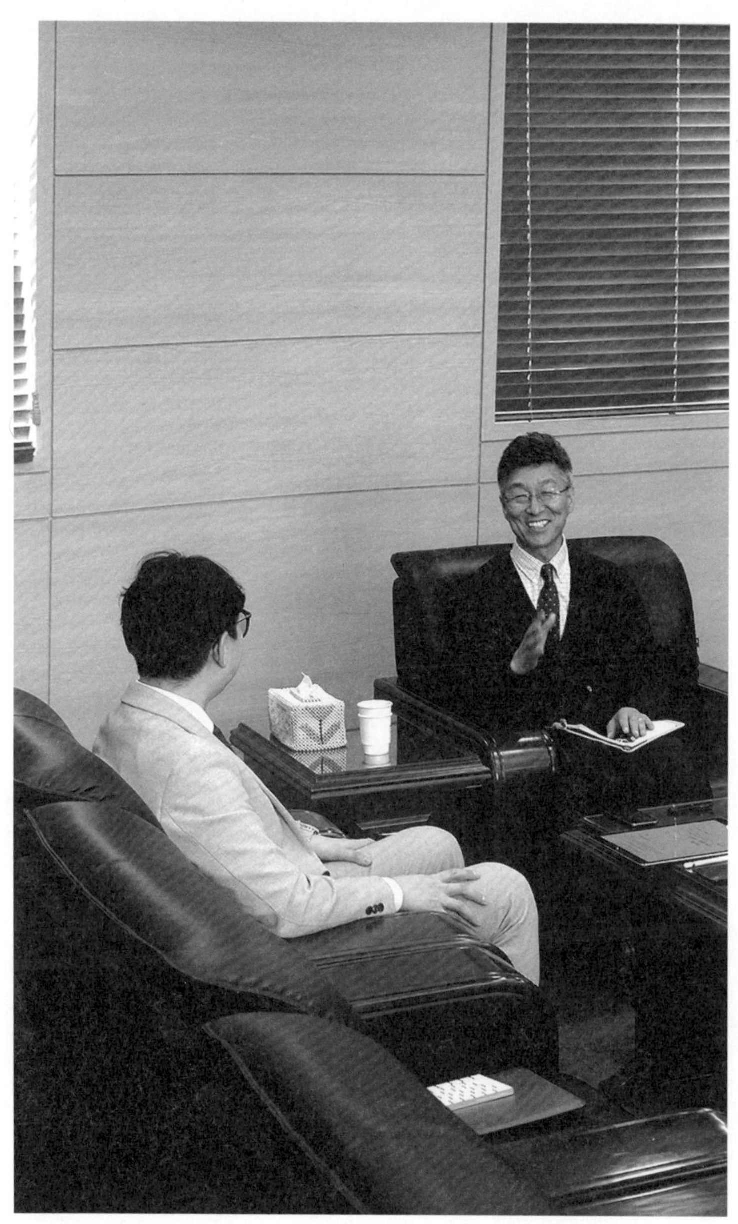

악- 앉아 계셨습니다. 아버지, 어머니도 앉아 계셨습니다. 그런데 한 달 동안 30분 설교원고를 준비했는데, 단 18분 만에 끝났습니다. 하하하하(웃음)

그때 '목사님께 혼나겠다.'고 생각했습니다. 그런데 목사님이 "백운주 선생, 앞으로 좋은 설교자가 되겠다"라고 굉장히 칭찬해주시고 격려를 해주셨습니다. 그때의 그 감격과 위로와 격려를 지금도 잊을 수 없습니다. 만약 그 때 제가 야단을 맞았으면 설교학을 전공하지 않았을 것 같습니다.(웃음)

그때 경험이 자주 생각이 납니다. 그래도 우리 교회 신학생들에게 설교를 자주 시키고 난 후 신학생들 설교가 조금 어설프더라도 칭찬을 많이 해줍니다.

김 그런 따뜻한 기억이 있으시기 때문에 더욱 교회 내부의 사역자들을 세워주시는 거군요.(웃음) 목사님 두 번째로 굵은 제목으로 여쭤보고 싶은데요, 목사님 본인에 대한 소개를 부탁드립니다. 일반적인 것부터 특수한 것까지 포함해서 부탁드립니다. 예를 들어 목사님 나이, 고향, 학력, 가족, 신학을 결심하게 된 이유, 그리고 미국에서 개척하셨다고 들었는데 개척을 하시게 된 이유와 시기, 등에 대해 간략하게 말씀해주세요. 또 마지막으로 밖에서 하고 계신 사역이 있다면, 그것들도 소개해주세요.

백 1959년생이고 고향은 전주입니다. 저희 가족은 할머니 때부터 신앙생활을 하셨습니다. 그래서 저는 유아세례를 받았습니다. 제 이름이 백운주인데, '구름 운(雲)자에 기둥 주(柱)자' 즉, 구름기둥입니다. 부모님이 광야에서 모세와 이스라엘 백성을 이끌었던 구름기둥 같은 사람이 되라고 지어주셨습니다. 이 이름 때문인지 어릴 때부터 스스로 목사가 되어야겠다는 생각을 했습니다. 아무도 저에게 목사가 되라고 하지 않았지만, 목사가 되고 싶었습니다. 제 아내 이름은 애자, 큰 아들은 현호, 작은 아들은 윤호입니다. 두 아들은 모두 출가해서 가정을 이루었습니다. 제가 미국에서 유학을 오래해서 그런지 아이들이 미국적 사고가 강합니다.(웃음) 아이들은 둘 다 샌프란시스코에 살고 있습니다. 이 지점에서 가장 중요한 자기소개인데, 제가 할아버지가 되었습니다. 두아들 모두 아들들을 낳았답니다.(큰 웃음)

김 아이고! 목사님 너무 축하드립니다.

백 두 아이가 연거푸 태어나 두명의 손자를 얻었습니다. 그래서 아이들 생각하면 입가에 미소가 떠나지 않습니다.(큰 웃음)

김 목사님 학력에 대해서도 조금 이야기를 해주시겠어요?

백 저는 서울신학대학교 신학과를 졸업했습니다. 그리고 신학대학

백일

원을 간 것이 아니라, 유학 준비를 위해 성균관대학교 영어영문학과에 학사편입을 했습니다. 성균관대 학사를 마치고 미국에 갔습니다. 미국에서는 클레어몬트 신학대학원(CLAREMONT SCHOOL OF THEOLOGY)을 나왔습니다. 그곳에서 M.Div 4년, D.Min 2년, PH.D 4년, 총 10년을 공부했습니다. 그리고 클레어몬트에서 겸임교수로 가르치고, 개척하고, 목회하다가 한국에 왔습니다.

김 공부를 수행하시는 것도 만만치 않으셨을 텐데, 개척까지 하셨네요? 미국에서 개척 하시게 된 이유를 들을 수 있을까요?

백 저는 사실 목회를 안 하려고 미국에 갔습니다.(미소) 하나님의 부름 받은 것은 분명한데 제가 목회를 잘 할 수 있을지 자신이 없었습니다. 오히려 교수를 해야 한다고 생각했습니다. 그 이유는 제가 잘하는 것이 공부이기 때문이었습니다. 또 박사학위를 받고 와서 교수를 하면, 목회를 하지 않아도 목회의 영역에 있으니 나름의 적절한 이유가 되었던 것입니다. 물론 교수가 되기 위해서만 유학 간 것은 아니지만, 약간 도피성도 없지 않아 있었습니다.

유학 가서 공부를 하는데, 공부가 너무 좋았습니다. 그래서 공부에 푹 빠져서 살았습니다. 그리고 자연스럽게 '미국에서 교수를 해야 되겠다'는 생각까지 들었습니다. 그래서 더 길게, 더 깊이 있게 공부를 하는데...... 그런데 어느 시점이 되니까 영적인 갈급함이 느껴지는 겁니다. 그래서 그 바쁜 유학생활 중에도 목요일은 따로 떼서 도시락을 싸들고 기도원 가서 기도를 시작했습니다. 그런데 하나님이 은혜를 엄청 부어주셨습니다. 그래서 아무리 바빠도 목요일마다 기도하기로 결심했습니다. 그렇게 계속 기도를 하는데, 기도를 할 때마다 하나님이 목회에 대한 열정을 주셨습니다. 얼마나 목회를 하고 싶은지......(진지한 눈빛)

사실 제 인생 스케줄에 개척은 없었습니다. 목회도 안하려고 했던 사람인데 하나님께서 개척에 대한 마음을 막 부어주시니 곤란했습니다. 그래서 계속 물었습니다. '하나님 제가요.....? 개척이요.....?' 그런데 기도할 때마다 그런 마음을 강같이 부어주시니까.. 너무 힘들었습니다. 또 그때가 공부를 끝마칠 무렵이었으니, 내적 갈등은 더욱 심했습니다. 그런데 결론이 어떻게 나왔을까요? 하나님을 이길 수는 없었습니다.

그래서 아내에게 얘기 했습니다. "여보 우리 개척 합시다_" (미소) 아내가 차분하게 되묻습니다. "누구랑? 개척하고 누구에게 설교할 거예요?" 라고 말입니다.(큰 미소) 그래서 당당하게 이야기 했습니다. "당신하고! 우리 두 아이들에게 하지!!" 했더니, 아내가 "아이~" 안한다는 겁니다.(큰 미소)

아내가 안한다고 하니, 제가 어떻게 개척을 하겠습니까. 그런데 아내가 "그래도 개척 멤버가 두 가정은 있어야겠지" 라고 하면서 동의해주었습니다. 그 말을 나눈 지 2주도 안되어서, 어느 날 전화가 왔습니다. "백운주 목사님이시지요?" "네, 그렇습니다." "목사님을 좀 만났으면 좋겠습니다." "누구시지요?" 했더니 "만나서 이야기 합시다." 하는 겁니다. 그래서 약속을 하고 맥도날드에서 두 중년 신사를 만났습니다. 한 분은 장로님이시고, 한 분은 집사님이셨습니다. 그분들에게 왜 만나자 하셨냐고 물으니, "개척 하십시다" 라고 하는 겁니다.(미소) "저를 어떻게 아십니까?" 라고 물으니, 나에 대해서 전부 다 알고 계셨습니다. 한인사회가 참 좁은 것 같습니다.

그리고 집에 돌아와서 아내에게 "우리 개척 합시다"라고 다시 이야기 했습니다. 아내는 "개척 안한다니까요" 라고 단호하게 이야기 합니다. 그래서 제가 "아니, 여보 두 가정이 있으면 한다고 했잖아요" 그렇게 해서 개척이 시작되었습니다.

개척당시 건물이 없었습니다. 그래서 현지교회를 빌려서 개척을 했습니다. 한국에서는 상상도 할 수 없는 교회안의 교회인 것입니다. 그때에 제 마음 가운데 100번의 만남과 1,000번의 기도를 생각했습니다. 누구든 전도 대상자가 생기면 전도대상을 위해 1,000번 기도하고 100번 찾아가자는 마음으로 세탁소, 뷰티샵, 상점 등을 찾아다니며 한 사람, 한 사람 최선을 다했습니다.

김 목사님 혹시 그 교회 이름이 어떻게 되나요? 그리고 지금도 그 교회는 이어지고 있는 건가요?

백 그렇습니다. **지금도 세 번째 목사가 이어서 목회를 하고 있습니다. 교회 이름은 <한사랑교회> 입니다.**

김 아.. 목사님, 너무 좋네요. 저도 교회를 개척해서 그런지, 지금도 그 교회가 이어지고 있다는 부분에 감회가 새롭습니다.

목사님 이정도면 목사님이 누구인지, 증가교회가 어떤 교회인지, 독자들이 대략적으로 이해할 수 있을 것 같아요. 이제부턴 본격적인 <목회철학>에 관해서 심도 있게 이야기 해보도록 하겠습니다. 다음 만남을 기대하겠습니다. 오늘 수고 하셨습니다.

본론

목회철학

김 목사님 이제부터는 본격적으로 목사님의 <목회철학>에 대해 여쭤볼 것입니다. **목사님 개인의 추구하시는 <목회철학>이라는 부분과 지금껏 목회를 하시면서 갖게 된 어떤 경험과 확신, 노하우 이런 것들을 제가 마음껏 여쭈어 보기도 하고 날카롭게 질문을 하기도 하겠습니다.** 제가 혹 돌발적으로 도를 넘는 질문을 드려도 성령의 인도하심을 따라 마음껏 얘기 해주시면 좋을 것 같습니다.(웃음)

목사님, 본격적인 첫 번째 질문은 **"목회에 있어서 가장 중요한 것이 <목회철학>이다"라고 말씀을 하셨는데요. 그렇다면 목회자에게 <목회철학>이란, 무엇인지 한번 정의를 해주시면 좋을 것 같습니다.**

백 <목회철학>은 담임목회자가 나름의 방향과 목표로 삼는 지침이나 가이드라인입니다. **그러나 반드시 성경에 입각한 규칙과 원칙이어야 합니다.** 그렇지 않으면 담임목회자의 기분에 따라서, 그리고 야망에 따라 교회가 움직여지기 때문입니다. 교회는 담임목사의 소유가 아닙니다. 그런데 다들 이것을 가볍게 생각합니다. 오늘날 한국교회가 이렇게 된 원인도 이 부분에 있다고 생각합니다.

그래서 저는 <목회철학>을 반드시 온 성도에게 공유해야 한다고 생각합니다. 그리고 일반 성도들뿐만 아니라, 당회, 부목회자, 담임목회자 모두가 그 목회철학에 철저하게 귀속되어야 한다고 생각합니다. 그럴 때 교회는 안정감이 있는 것입니다. 그래서 저는 <목회철학>을 모두에게 공유할 수 있도록 주보에 기록해두고 있습니다.

김 혹시 볼 수 있을까요? 몇 가지 정도가 되나요?

백 누군가 증가교회가 어떤 교회냐고 묻는다면, "우리 증가교회는 이렇습니다"라고 말할 수 있는 목회철학이 크게 6가지입니다.

첫째, 하나님을 기쁘시게 하는 교회입니다. 이것이 제 목회철학의 초석이자 기둥입니다. 교회는 하나님을 기쁘시게 해야 합니다. 이것은 지상명령과도 같은 것이라 생각합니다. 죽음에 이르기까지 이루어야 할 사명과 같은 것입니다. 만약 이 부분에 있어 방향이 흔들리거나 바뀐 교회가 있다면, 그 교회는 더 이상 교회가 아닌 사교집단이라 생각합니다. 이 방향 안에서 목회자 개인의 삶과 온 성도들의 가정이 함께 협력하여 선을 이루어야 합니다. 그럴 때 교회가 교회다워진다 생각합니다.

둘째, 신약교회와 같은 건강한 교회입니다. 쉽게 이야기해서 건강한 교회가 되자는 것입니다. 그런데, 건강함이란 무엇일까요? 이 기준을 정하는 것이 상당히 어렵습니다. 이 기준은 목회자의 경험에 의해서 정해지면 안 됩니다. 건강함의 기준은 신약교회가 되어야 합니다. 신약교회의 모습에 여러 면이 있겠지만 제가 강조하는 것은 성령의 역사입니다. 우리 교회는 늘 성령이 역사하는 교회가 되었으면 좋겠습니다. 그것이 건강한 교회가 되는 길입니다.

셋째, 모든 성도가 행복하게 신앙생활 하는 교회입니다. 우리 <증가교회>는 아픔이 있었습니다. 교회의 아픔에는 성도들에게도 불행이 따라옵니다. 신앙생활은 교회 생활과 뗄 수 없습니다. 그렇기에 교회 생활이 행복해야 성도의 신앙생활도 행복합니다. 그렇기에 담임목사와 부목사들은 온 성도의 행복한 신앙생활을 위해 최선을 다해야 합니다.

넷째, 말씀의 능력을 경험하는 교회입니다. 교회는 말씀의 토대가 있어야 합니다. 말씀이 기초가 되어야 합니다. 어떤 사역과 행사를 해도 말씀이 토대가 되지 않는다면, 그것은 헛되고 헛된 것입니다. 그렇다면, 어떻게 말씀의 토대를 쌓고, 말씀의 능력을 경험할까요? 간단한 이치인데, 말씀을 연구하고 가르치는 일에 쉬지 않고 움직여야 합니다. 그래서 우리 <증가교회>에서 가장 주력하고 있는 사역 중에 하나가 바로 이 말씀을 연구하고 가르치는 사역입니다.

다섯째, 성령의 역사가 나타나는 교회입니다. 교회의 시작은 성령님의 임재였습니다. 성령께서 임하셔서 교회가 시작되었습니다. 그렇기에 성령의 임재를 쫓는 방향을 가질 때 언제나 교회는 창조의 역사가 진행되는 것입니다. <증가교회>도 어떤 시대의 유행이나 시대의 요구를 따르는 것이 아니라, 성령의 임재를 쫓는 교회가 되길 원합니다.

여섯째, 전도와 선교의 사명을 잘 감당하는 교회입니다. 교회의 방향은 전도와 선교입니다. 교회의 실력은 이 지점에 있다고 생각합니다. 만약 교회가 교회만을 위해 존재한다면, 그것은 주님이 원하시는 교회가 아닙니다. 교회는 언제나 이웃을 향해야 합니다. 그래서 전도와 선교는 교회가 잘 감당해야 할 부분입니다.

매번 예배를 드릴 때, 이 6가지 <목회철학>을 성도들과 공유합니다. 그리고 성도들은 개인 기도를 하건, 대표기도를 하건 이 여섯 가지를 활용하여 기도하기도 합니다.

김 목사님, 그럼 이 6가지 원칙은 1년 마다 바뀌는 것이 아니라 계속 가는 원칙입니까?

백 그렇지요. 제가 하늘나라 갈 때까지 이 6가지 원칙을 붙잡을 것입니다. <증가교회>를 목회하는 한, 성도들과 공유하며 이 방향으로 한 걸음씩 나아갈 것입니다.

김 목사님 그런데 질문 하나 드리고 싶은 것은, **처음 <목회철학>을 이야기 할 때 싸움이라고 이야기 하신 것은 무엇인가요**?

백 좋은 질문입니다. 평생 목회를 하다 보니, 말씀드린 6가지 원칙의 교회가 되기 위해 노력할 때마다 부딪힘이 있었습니다.

미국에서 목회할 때는 개척교회였는데, 개척교회의 가장 큰 장점은 기초를 잡을 수 있다는 점입니다. 그럼에도 불구하고 이전부터 신앙생활을 하던 분들에게는 고집, 말하자면 **'교회는 이렇게 해야 합니다'**라는 것들이 존재하기도 합니다. 그때 깨달았습니다. 개척한 교회임에도 불구하고 주님이 기뻐하시는 교회, 건강한 교회가 되기 위해서는 긴장이 있다는 것을 말입니다. 그리고 어떨 때는 큰 부딪힘이 있기도 합니다.

한국에 돌아와서 <인천중앙교회>와 <증가교회>를 경험했습니다. 이 두 교회는 오래된 교회입니다. <증가교회>는 60년 되었고, <인천중앙교회>는 70년이 되어 가는 교회입니다. **그런데 목회를 하면서 알게 되었습니다. 오래된 교회일수록 굳어있는 부분들이 많이 있다는 것을 말입니다. 자신들의 관습이 습관화 되어있고 체질화 되어있어 그것이 완전 굳어있는 공통점이 있었습니다.** 이렇게 굳어 있으면 절대로 건강한 교회, 주님 기뻐하시는 교회가 되지 못합니다. 굳어있는 것들을 건강한 시스템으로 바꾸어야 주님 기뻐하시는 교회가 됩니다. 그럴 때 건강한 교회, 성령님께서 역사하시는 교회가 됩니다. 그렇게 되

기까지 목회자는 싸워야 되겠다 싶었습니다. 교인들이 '목회는 싸움이다'라는 말을 굉장히 이상하게 생각할지도 모르지만, 저는 이것이 가장 정확한 표현이라고 생각합니다. 때로는 눈에 보이지 않는 전쟁을 할 수밖에 없습니다.

김 목사님, 더 여쭤볼 것이 있습니다. **꼭 싸우는 것이 능사일까요?** 보통 한 교회가 가지고 있는 전통이 있잖아요. 그리고 그 안에는 기득권이 있잖아요. 만약 이 안에서 새로운 담임목회자가 부임한다면, 그 교회가 가지고 온 전통과 기득권을 존중해주면 안 되는 건가요? 이걸 깨는 건 오히려 더 마이너스가 될 수 있는 것 아닌가요?

백 물론 기존 교회가 가지고 있는 전통이나 시스템이 다 나쁘다는

것은 아닙니다.(웃음) 분명 좋은 전통도 있습니다. **그러나 오래 된 교회일수록 굳어있는 부분이 많습니다. 그리고 무엇이 잘못 되어있는지도 모르고, 자신이 옳다고 항변하는 아집도 많고 무엇보다 교회 안에 사람이 주인이 되어있는 모습도 많이 있습니다. 부서사역만 보아도, 오랫동안 섬겼던 사람이 부서의 주인이 되는 경우가 많이 있었습니다.** 제 경험상 전반적으로 그렇습니다. 이런 부분이 '목회는 싸움이다'라고 할 때 싸움의 영역입니다.

김 물론 그렇죠. 한 부서에 10년, 15년 정도 터줏대감처럼 섬기신 분이 있으면 새로운 부서 사역자가 와도 말도 안 먹히죠.

백 전도사님도 경험해 보아서 잘 알 것이라 생각합니다. 예를 들어 교회학교 교사로서 한 부서에 수십 년을 섬긴 사람은 그 부서의 주인행세하기 쉽습니다. 건강하게 되려면 바뀌어야 합니다. <증가교회>는 이 부분을 타계하기 위해 부서 이동을 시킵니다. 그러면 저항에 부딪힙니다. "나는 이 부서에서 수 십 년 있었는데! 왜 나를 다른 부서로 가게 하느냐?"하는 싸움이 벌어집니다. 그러나 목회자는 거기서 물러서면 안 됩니다. 왜냐하면 새 술은 새 부대에 부어야 하니까요. 건강한 시스템을 위해서 바꾸어야 합니다. 굳어진 것에는 생명력이 없습니다.

김 그런 싸움을 했을 때, 분명히 목사님 손해 보는 것이 많이 있지 않나요? 오해도 숱하게 사실 수도 있고, 혹은 생각이 다른 사람은 일방적 비난도 할 수 있고, 혹은 독선적이라고 폄하할 수 있잖아요. 혹시 그런 비난을 받을 때에는 목사님 어떻게 하시나요. 목사님도 그런 비난을 받으시기도 하시죠?

백 그렇습니다. 어떤 측면에선 당연합니다. 그러나 저는 이렇게 생각합니다. **'작은 배는 쉽게 돌릴 수 있지만, 큰 배는 천천히 돌려야 한다'**라고 말입니다.

<증가교회>도 마찬가지지만 <인천중앙교회>도 규모가 있는 교회입니다. <인천중앙교회>에 부임했을 때, 목회자와 성도가 서로를 알아갈 수 있는 허니문 기간 3년 정도가 필요하다고 생각했습니다. 목사는 목회 감각으로 성도를 비교적 쉽게 파악할 수 있습니다. 그런데 교인들이 담임목사를 아는 데에는 보통 3년 정도 시간이 걸립니다. 3년 동안에 신뢰가 쌓여야하고, 조급한 마음에 한꺼번에 뭔가를 고치려 하면 큰일 납니다. 그래서 여러 가지가 눈에 보이더라도 인내를 가지고 신뢰를 쌓는 기간이 필요합니다. **큰 배가 천천히 턴을 하는 것처럼 천천히, 천천히 턴을 해야 합니다.**

김 그럼 목사님은 이것을 부교역자들에게도 동일하게 적용해주시나요? 왜 이런 질문을 하냐면, 보통 담임목사님들은 부교역자

들에게 결과를 요구하잖아요. 기다림의 시간을 주기보단 그 시간을 단축해서 결과를 가지고 오라고 하니까요.

백 하하하(큰 웃음) 다른 목사님들은 어떨지 모르겠지만, 저는 기다려 줍니다. 결과보단 관계를 중요하게 여깁니다. 성미가 급한 목회자들은 한꺼번에 모든 걸 바꾸려하겠지만, 저는 절대로 그렇게 하지 말라고 합니다. 이건 아마도 우리 부교역자들이 증명해 줄 것입니다.(웃음)

김 보통은 새로운 담임목회자가 부임할 때, 이런 문제들은 항상 있는 것 같아요. 목사님은 모든 것이 처음이고 열정이 있어서 새로운 것들을 제시하지만 기존 교회에는 이것을 받아들이기에 거부감과 이질감이 자연스럽게 생기는 것 같아요. 그래서 신선한 사역일수록 비난을 받고, 참신한 사역일수록 외로워지는 것 같아요. **그런데 3년이라는 허니문의 시간은 참으로 좋은 지혜인 것 같습니다.**

그런데 목사님, 제가 연이어 질문 드리고 싶은 것이 있습니다. 그럼에도 불구하고 기존 교회에서 가지고 있는 전통과 정통을 바꾸어 나갈 때, 목사님을 향한 비난과 비판이나 아픔이 있을 것 같아요. 그럴 때는 어떻게 하시나요? **그럼에도 불구하고 꾸준히 쭉 밀고 나가시는지 아니면 우회를 하시는지 궁금합니다.**

백 <목회철학>에 '100% 이렇다'는 것은 없습니다. 다만, 목사로서 고민과 갈등이 존재합니다. **왜냐하면 <목회철학>으로 기존교회의 토양을 바꾸는 것이 '내 고집인 것인가? 아니면, 주님이 기뻐하시는 것인가?'라는 갈등, 또 '나의 경험으로부터 나온 것인가? 아니면, 성경으로부터 나온 것인가?' 하는 갈등도 있기 때문입니다.**

김 아..... 목사님, 안 그래도 이 부분을 더 질문 드리고 싶었습니다. 이것을 어떻게 알 수 있을까요?

백 이런 갈등이 있을 때는 보통 두 가지를 합니다. **첫 번째는 가장 기본적인 것인데 바로 기도입니다.** 모든 것을 내려놓고 하나님 앞에 물어야합니다. 고민이 깊을수록 머리는 흐려지고 기도가 깊을수록 머리는 맑아지는 법입니다. 그렇기에 갈등 앞에서는 반드시 기도해야 합니다.

그리고 **두 번째는 아내의 지혜를 구하는 것입니다.** 주변의 목사님들 중에는 첫 번째는 잘하는데, 두 번째 부분을 잘 못하는 것 같습니다. (웃음) 저는 아내를 신뢰합니다. 아내도 모태신앙인으로서 여기까지 왔기 때문입니다. 그리고 지금에 이르기까지 수많은 일들을 같이 겪었습니다. 그러니 목회자의 아내는 신뢰할만합니다. 적어도 저는 그렇습니다. 그래서 저는 갈등과 문제 앞에서 하나님께 묻고, 아내에게 묻습니다. 그러면 반드시

일깨워 지는 영역이 있습니다. 그것은 어떤 지혜로운 방법에 대한 것이라기 보다 방향에 대한 것입니다. 그 방향은 '하나님께만 영광'이 되는 방향입니다. 그럴 때, 저를 둘러싸고 있는 많은 계산과 무거운 것들에서 자유하게 되고 올바른 선택을 하게 됩니다. 지금까지 일관되게 그러했습니다.

결론적으로 이야기하면 <목회철학>으로 기존교회의 토양을 변화시킬 때 담임목사의 이름을 드러내기 위함이라면, 절대하지 않습니다. 그러나 하나님이 기준이 되어 건강한 교회를 향한 일이라면, 어떤 비난을 받아도 무조건 밀고 나갑니다. 이것은 단순한 것이지만 가장 어려운 것이기도 합니다.

김 네, 이건 너무 좋은 귀감이 되고 교훈이 되는 것 같습니다. 그런데 목사님, 조금 어려운 지점도 있는 것 같아요. 왜냐면 하나님

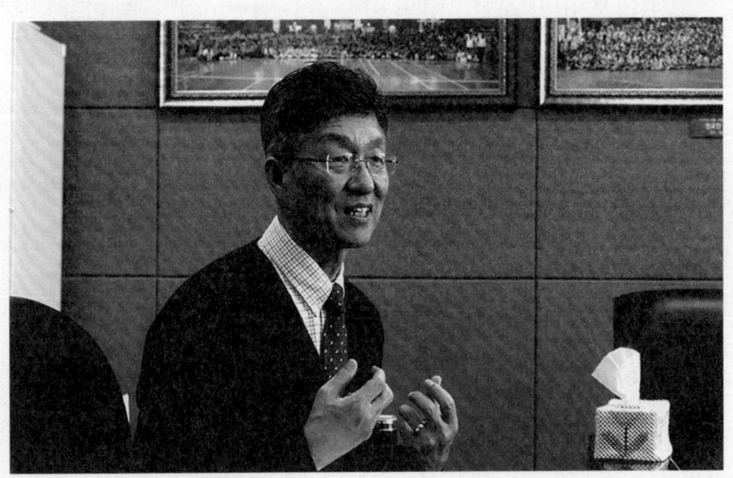

이 주인이 되는 <목회철학>으로 기존교회의 토양과 체질, 잘못된 관습들을 변화시킬 때, 반드시 선한 열매들이 맺히잖아요. 그런데 그 열매 옆에는 어쩔 수 없이 목사님의 이름이 크게 드러나잖아요?

백 하하하(큰 웃음) 그런데 저는 제 이름이 드러내는 걸 좋아하지 않습니다. 이게 진심입니다. 전도사님도 잘 알겠지만, 어설프게 제 이름이 드러날까봐 제가 책을 내는 것에 있어서 한참을 고민했습니다. 그러나 성결교단에서 목회하는 후배들을 위해 조금이라도 도움이 될 만한 책을 만들 수 있다면 귀한 일이라고 생각해서 시작한 것입니다.

저는 제 이름이 들어나는 것이 목표가 되어 사역했다면 지금까지 오지 못했을 겁니다. 사역을 하면서 이름이 드러날 수 있겠지만 그것이 목표가 되어 사역을 한다면 그건 정말 오만한 것입니다. 그래서 저는 부목사님들을 자주 세워주는 편입니다.

저는 우리 성도들 앞에서 부목사님들을 자주 세워주려고 합니다. 사역에 대한 칭찬과 설교에 대한 칭찬도 아끼지 않습니다. 그리고 “저를 사랑해 주시는 만큼 우리 부목사님들도 아끼고 사랑해 주십시오.”라고 기회 있을 때마다 단 위에서 부탁합니다. 저는 진심으로 우리교회 부목사님들이 사역을 하면서 성도들로부터 사랑을 많이 받았으면 좋겠습니다. 교인들 사랑을 많이 받은 목회자가 성도들도 사랑할 수 있다는 저의 생각입니다.

한번은 이런 일도 있었습니다. 제가 지나가다가 권사님 한 분이 부목사님에게 도서비를 주는 것을 보게 되었는데 저를 보고서 마치, 도둑질하다 들킨 것 처럼 너무 놀라셔서 저까지 덩달아 놀랐습니다. 그분이 왜 놀라셨나 보니, 제게는 도서비를 안 주고 부목사님에게 준 것에 미안한 마음이 있어서였습니다.

그런데 생각해 보십시오. 제가 이렇게 한다고 사랑을 덜 받을까요? 제가 드러나지 않는다고 해서, 사역을 잘 못하는 것이 될까요? 결코 그렇지 않습니다.

김 목사님 너무 좋은 가르침입니다. 이번에는 조금 날카로운 질문을 하나 해보려고 합니다. 결국 <증가교회>도 어떤 하나의 모양의 전통과 체질로 자리 잡는 것이잖아요. 그것은 응당 익숙함과 편안함을 만들어 낼 것이고, 또 다시 사람이 주인이 되는 현상도 일어나겠죠.

그래서 만약 <증가교회>에 후임 목회자가 와서 그동안 백운주 목사님이 쌓아놓은 어떤 시스템과 목회의 방향과 역량들을 바꾼다고 해도 목사님은 얼마든지 수용할 마음이 있으신지요?

백 당연히 그렇습니다. 왜냐하면 하나님이 담임목사를 세우시는 것이기 때문입니다. 하나님은 그 담임목회자에게 시대와 상황에 맞는 마음을 부어 주실 것입니다. 그럼 또 변해야 합니다. 기쁨으로 움직여야 합니다. 그것이 건강한 것입니다. 고인 물은 반드시 썩게 되어있습니다.

이 부분에서 종교개혁자들의 외침에 귀 기울일 필요가 있습니다. 그들은 이런 말을 자주 했습니다. **"개혁된 교회는 항상 개혁되어야 한다.*(ecclesia reformata, semper reformanda est)*"** 이 말은 한번 개혁된 교회는 완성품이 아니라는 겁니다. 교회가 개혁되었어도 개혁성을 항상 유지해야 합니다. 저는 이 말을 생각하면 할수록 옳다는 확신이 듭니다.

그래서 항상 기본적인 것을 고민합니다. '어떻게 하면 하나님을 기쁘시게 하는 교회가 될 수 있는가?' 이 당연한 질문을 가지고 아주 진지하고 활발한 회의를 교역자들과 하기도 합니다. (웃음)

김 스스로 '내가 개혁의 대상이 되어도 좋다. 그리고 그것이 교회의 본질이다'라고 말씀하시는 거잖아요. 이것은 목회를 하는 사람이라면 정말 새겨야할 가르침 같습니다.

목사님이 이런 <목회철학>을 가지기까지 내면적으로 많은 수행이 있었을 것 같아요. 그리고 많은 고난과 훈련이 있었을 것 같고요. 혹시 이렇게 명확한 방향을 가지게 된 어떤 동기 같은 것이 있으신가요? 아니면, 이런 것들을 연습하시게 된 방법이 있으신가요?

백 네, 한 사건이 있었습니다. 유학을 하면서 M.Div 4년을 마치고 목회학 학위를 받은 뒤 Ph.D에 막 들어갔을 때입니다. 그때 저는 자부심이 굉장히 컸습니다. 유학하는 동안 교수님들에게 인정받고, 대부분의 학점도 A, A+ 이었고, 젊은 나이에 세계설교학회 회원이 되어 활동도 하다 보니 공부를 깊이 하는 것에 대한 자부심이 컸기에 나는 꽤 괜찮은 목사라는 교만한 생각이 들었습니다. 어느 날, 한국에서 온 후배 목사에게 연락이 왔습니다. 이 후배는 당시에 컴퓨터가 나온 지 얼마 안 되었을 때인데, 컴퓨터도 먼저 배우고 찬양도 잘하고, 얼굴도 잘생기고, 많은걸 갖춘 정말 괜찮은 목사였습니다. 그런데 어느 날 담임목회 자리가 생겨서 미국동부로 가게 되었다는 겁니다. 그래서 밥도 먹고 책도 선물하고 그렇게 헤어졌는데 한 달 반 정도 지나고 집으로 전화가 왔습니다. "목사님, 너무 힘들어요. 교회가 큰 교회도 아니고 작은 교회인데 매일 싸우고 목회가 힘이 드네요. 매일 교회 마룻바닥에 엎드려 금식하며 기도만 합니다." 그리고 석 달쯤 지나고 비보가 들리는데 그 후배 목사가 소천 했다는 소식을 들었습니다. 아마도 스트레스가 계속 쌓이고 어떻게든 이겨내기 위해 애쓰다가 결국 몸이 상했던 모양입니다.

그때 후배 목사의 죽음을 경험하면서 저는 너무 큰 충격을 받았습니다. 마음이 굉장히 힘들었습니다. 제가 볼 때 정말 괜찮은 사역자인데, 하나님이 왜 이 사람을 데려가셨을까.... 그렇게 힘들게 몇 달 지내면서 제 교만의 꼬리가 내려졌습니다.

아, 내가 지금 유학하고 사역하는 모든 것이, 내가 잘나서가 아님을 뼈저리게 느꼈습니다.

유학을 하게 되고, 그 자리까지 가게 된 모든 것이 전적으로 하나님 은혜요. 하나님이 써주셔서 여기까지 왔다는 것을 깨달았습니다. 그리고 펑펑 울면서 고백했습니다. '하나님, 제가 평생 하나님 앞에 교만하지 않겠습니다.' 그래서 제 인생에 후배 목사의 죽음은 절대로 잊을 수 없는 사건입니다.

그 후 한국에 돌아와 <인천중앙교회>에 부임해서 몇 달 안 되었는데도 너무 힘들었습니다. 부임하고 보니 인천중앙교회는 오랫동안 싸웠던 교회라 많은 상처들과 많은 어려움이 있던 교회였지만 그때도 '하나님이 써 주셔서 감사합니다'라는 고백을 했습니다. 사역하며 몸도 마음도 힘들어가고 급성 맹장으로 수술대에 누워 있을 때에도 '하나님, 써 주셔서 감사합니다.'라고 고백했습니다.

그리고 그렇게 힘들고 어려웠던 <인천중앙교회>가 변화될 때에도 '하나님, 써 주셔서 감사합니다.'라고 진심을 담은 감사의 고백이 나왔습니다. 목회하면서 동일하게 교인들에게 성도라면, 쓰임 받음에 대한 감사가 있어야 한다고 강조합니다.

사실 저는 <증가교회>에 오고 싶지 않았습니다. <인천중앙교회>에서 은퇴하고 싶었지만 하나님의 부르심에 순종했습니다. 그런데 와서 보니 <증가교회>또한 너무 힘들고 어려운 교회였습니다. 그리고 부임 후 저는 10년 동안 수술을 4번 받았습니다. 그러나 지금까지 회복시켜 주시고 써 주셔서 감사할 뿐입니다.

김 혹시 어떤 수술을 받으셨는지 여쭈어 봐도 될까요?

백 두 가지 암 수술을 받았습니다. 그런데 암 수술을 받았다는 사실보다 수술 받는 상황에서도 하나님이 써주심에 대해 감사할 수 있어서 다행이라고 생각합니다.

김 목사님 그러면 그 사건이, 목사님의 평생에 다시 회심하게 된 사건으로 볼 수 있을까요?

백 앞에서 말씀 드린 후배 목사의 죽음은 회심이라기보다는 제 자신을 리얼하게 보게 된 사건이라고 생각합니다. 저는 그냥 질그릇입니다. 쓰임 받는 이유는 잘나서도, 특별해서도 아닙니다. 첫째는 전적인 하나님의 은혜요 그리고 내 안에 보배이신 예수님이 계시기 때문입니다.

예수님이 타고 가시는 나귀가 환호하는 청중을 보며 으스대면 어떤 생각이 드십니까? 교회 사역도 마찬가지입니다. 담임목사는 나귀에 불과합니다. 주님이 계시고, 주님이 드러나야 하고, 주님이 영광 받으셔야 하는데, 교인들이 목사에게 박수치고 칭찬한다면 그건 오히려 크게 혼날 일이죠. 저는 나귀처럼 그저

쓰임 받는 주님의 종일뿐입니다.

김 **그렇다면 목사님의 <목회철학>을 한 문장으로 표현한다면 어떻게 표현할 수 있을까요?**

백 **'하나님만 주인 되시는 교회를 만드는 것'이라고 할 수 있습니다. 그리고 이것을 위해서 힘써 싸울 각오가 되어 있습니다.**

김 목사님 연이어서 질문을 드리도록 하겠습니다. 좋은 교회와 나쁜 교회의 기준은 뭘까요?

백 같은 맥락이라고 생각이 듭니다. **좋은 교회는 하나님이 주인이신 교회입니다. 나쁜 교회는 사람이 주인인 교회라 할 수 있습니다.**

전도사님, <증가교회>표어가 무엇인지 아시나요? 우리 교회 표어는 "예수님이 정답인 교회"입니다. 아주 단순한 표현이지만 이것에 우리 목회팀은 중점을 두고 이 표어를 3년 동안 사용하고 있습니다.

본래 교회들은 표어를 매년 바꿉니다. 그런데 저희교회는 작년에 이어 이번 년도에도 동일한 신앙고백을 추구하기로 했습니다. '하나님이 주인이시다'라고 하는 고백을 더욱 깊이 새기기 위해서 그렇게 하기로 했습니다. **저는 단순하지만 핵심인**

이 고백을 잊지 않는 교회가 좋은 교회라고 생각합니다. 그래서 좋은 교회는 하나님이 주인이시고, 하나님이 시작이시고, 과정이시고, 결론이시고, 정답임을 추구하는 교회인 것입니다.

하나님이 주인 되시는 교회가 되기 위해서는 **교회의 영적 분위기**가 좋아야 합니다. 그 영적 분위기란 인간이 만든 인위적인 흥분과 외침이 아닙니다. 좋은 영적 분위기는 **하나님이 주인이신 것을 목사와 교인들이 모두 인정하는 시스템으로 갖추게 될 때 만들어집니다.** 그것을 담임목회자는 목회철학으로 표현하는 것입니다. 그러면 하나님이 주인인 교회가 됩니다. 결국 좋은 교회는 목회자가 확실한 목회철학을 세우고 그 철학에 맞춰 성도들과 함께 사역할 때 만들어진다고 생각합니다. 그것이 교회의 시스템이어야 합니다.

김 목사님 그러면 이번에는 다른 각도로 질문을 드려볼 텐데요. 그런 목회철학과 하나님이 주인이신 교회가 되기 위해서 목사님이 스스로 만든 원칙은 어떤 것이 있을까요?

백 **아무래도 내가 주인이라는 생각을 내려놓으니 자연스럽게 '팀 목회'가 되었습니다. 팀 목회는 우리 부교역자들과 당회원들이 하나가 되는 것입니다.** 이분들과 저는 저의 모든 목회적 고민을 공유합니다. 독단적으로 하지 않고 팀 목회 안에서 결정된 사항들을 바탕으로 사역합니다. 그래서 무엇보다 부교역자들과 진솔한 대화를 많이 합니다. 그 이유는 그들의 가슴 속에 있는 것들을 듣기 위해서입니다. 그럴 때, 아름다운 사역들이 만들어집니다.

김 **진솔한 대화요?** 보통 담임목사님들은 부교역자들에게 '상명하복'이라 하지 않나요? 명령하면 그것에 대해 모두 수행해야 하는 것 말이죠.

그래서 우스갯소리로 이런 말도 있잖아요. 조폭들은 코끼리를 냉장고에 넣는 방법을 물으면 "나의 오른팔을 쓴다"고 하잖아요. 그런데 목회자들이 그 이야기를 들으면, 웃으면서 "그 정돈 우리 부목사 시키면 된다" 이런 소리도 있잖아요. 그만큼 한국교회의 목회적 구조는 수직적 구조라는 것을 비유하는 이야기겠죠? 그런데 진솔한 대화를 많이 하신다고 하는 것이 어떤 것인지 잘 이해가 안 되네요. 자세히 어떤 것인지 말씀해주시겠어요?

백 **'상명하복'이라는 말 자체가 너무 웃긴 것 같습니다.** 만약에 담임목사의 명령에 따라 사역한다면 담임목사의 손해라고 생각합니다.

김 **대부분 그런 방식으로 교회의 질서가 잡히지 않나요? 왜 손해**

를 보는 건가요?

백 왜냐하면 담임목사는 점점 나이가 듭니다. 그리고 아무리 목회 경험이 많고 책도 읽고 공부도 많이 했다 하더라도 우리는 나이가 들수록 굳어집니다. 그런데 부목사님들을 보면 아주 신선하고 감각이 있습니다. 젊은 세대에 대한 이해가 깊고 문화와 시대를 보는 눈이 탁월합니다. **그 신선하고 풍부한 것들을 함께 공유하며 좋은 아이디어가 있다면 얼마든지 수용해야 합니다.** 우리 부목사님들과 대화를 하다보면 새로운 아이디어들이 많습니다. 그래서 제 목회가 더 풍성해집니다.

김 목사님, 이쯤에서 조금 예민한 질문 드리겠습니다. **교회에서 목사님보다 더 똑똑하고 뛰어나고 탁월한 부목사님이 함께 있으면, 위기감을 느끼지 않나요?** 사역의 현장에서 흔히 볼 수 있는 **'사울은 천천이요, 다윗은 만만이다'라고 불리는 콤플렉스 있잖아요.**

백 **아니요, 저는 정말 즐겁습니다. 왜냐면 새로운 것을 얻게 되기 때문입니다.** 젊은 목사님들과 대화를 하다 보면 아이디어가 풍성해지고 진심으로 놀랍고 감탄스러울 때가 있습니다. 그들의 열정과 자세를 보면서 제가 많이 배웁니다.

인천에서 목회할 때 어느 권사님이 우리 아내에게 "젊은 사

람들이 놀아줘서 고맙다"는 표현을 하셨다고 합니다. 그 말에는 "젊은 사람들이 노인의 어떤 점이 좋아서 놀아 주겠느냐"라는 속뜻이 있습니다. 사실, 나이 들수록 젊은 사람들이 안 놀아주고 피하게 됩니다. 노인들이 고리타분한 이야기, 옛날이야기를 자꾸 하기 때문입니다. 분명 저에게도 해당되는 말일 겁니다. 그러나 부목사님들의 이야기를 듣고, 그들의 의견을 존중해주면, 얼마나 이야기들이 풍성한지 모릅니다. 그들이 저랑 놀아주게 되는 것입니다.(웃음) 그래서 부목사님들과 가급적 많은 대화를 하며 더 많은 것들을 공유하려고 합니다. 이것이 팀 목회라고 할 수 있습니다.

김 제가 지금 옆에 있는 부목사님(박노아목사)께도 한번 여쭈어 보고 싶은데요. 목사님, 실제로 그런 대화를 많이 하시나요?

박노아 부목사 이하 박 **많이 하시는 정도가 아니라 항상 하십니다.** 다르게 표현을 한다면 단순히 담임목사님과 부목사님들이 많은 대화를 한다는 차원보다, 교회의 결정에 있어 부목사님들과 신중한 논의를 함께 한다고 생각하면 좋을 것 같습니다.

어떤 사역이나 행사를 기획한다거나, 교회의 큰 틀을 바꿔나가는 중요한 문제가 있을 때 목사님 혼자 결정하지 않으십니다. 저희 부목사님들과 함께 공유하시고 대화하십니다.

김 부목사님(박노아목사). 그러면 제가 조금 날카롭게 질문을 드릴텐데요. 매번 담임목사님과 대화하면 혹시 부담스럽거나, 일이 더 느리게 진행이 되지는 않나요?

박 <증가교회>로 새로 오시는 부목사님들은 처음에는 약간의 문화충격을 겪습니다. "회의 할 때 내가 말을 해도 되나?!", "담임목사님 앞에서 내가 반대 의견을 내도되나?!" 라는 것 때문입니다.(웃음) 어떤 부목사님은 이 생각을 깨는데 6개월 이상이 걸렸다고 합니다. 왜냐면 그 전에는 그런 분위기를 경험해 본적이 없었기 때문입니다. 그러나 곧 적응을 하게 되고 역동적인 회의를 하게 됩니다. 저도 <증가교회>에 와서 '팀 목회를 하는 것은 이런 것이구나'하고 생각하게 됐습니다.

김 목사님 그러면 하나의 철칙과 메커니즘이 정해지는 것 같아요. 정리해보겠습니다. **<목회철학>에 있어서 가장 중요한건 주님이 주인 되시는 교회를 만들어가는 것입니다. 그리고 이 영역은 담임목사의 독단이 아니라 원칙으로 이루어지게 됩니다. 그 원칙으로 모든 성도, 모든 부교역자 그리고 담임목회자까지 들어가는 것이죠. 그리고 그 원칙을 함께 지켜나갈 때, 필연적으로 교회 안에서 싸움이 일어나게 되죠. 그러나 그 싸움이 나의 아집인지 하나님의 뜻인지 알기 위해서는 결국 목회자의 자기부인을 통해서 증명됩니다. 그리고 그 자기부인이란, 이 사역을 통해 내가 드러나지 않고 주님이 드러나는 방향입니다. 목사님 제가 잘 정리한 것 맞죠?** 그렇다면, 나쁜 교

회란 이것과 반대되는 교회라고 할 수 있겠네요?

백 잘 정리하셨습니다. 단순한 이야기지만 아주 중요한 원리입니다. 목회 현장에서는 이 단순한 원리들을 지키는 것이 참으로 어렵습니다. 누가 그런 말을 하잖아요. "하수는 백 가지 생각으로 가득차고, 고수는 한 가지 생각으로만 가득 찬다." 교회라는 곳은 정말 복잡한 곳입니다. 그러나 많은 것들에 대응하면서도 단순함을 잃으면 안 됩니다. 그리고 단순함을 지키기 위해 싸움은 필수적입니다. **이런 싸움이 없는 것은 영적으로 평화를 이룬 것이 아니라, 영적으로 항복한 것입니다.**

그럼 나쁜 교회란 무엇일까요? 나쁜 교회는 좋은 교회의 반대인데, 하나님이 주인이 아닌 교회입니다. 하나님이 주인이 아니고 목사가 주인인 교회가 나쁜 교회입니다.

매스컴을 통해서 한국교회의 여러 사건 사고가 터져 나올 때 그리스도인으로서 창피함을 느낍니다. 다른 교회의 목사님을 정죄하고 싶은 마음은 없습니다. 단, 이런 생각은 있죠. '과연 저 분은 하나님을 믿을까?' 혹은 '하나님 앞에 곧 서게 될 텐데, 하나님이 두렵지 않을까?' 마음 아프지만, 어쩌면 하나님을 가장 믿지 않는 사람들이 목사인지도 모릅니다. 성경을 보면 주님이 반석위에 '내 교회를 세우겠다'라고 하셨습니다. 즉, 교회는 주님의 교회여야 합니다. 그런데 간혹 목회를 잘한다는 목사님들이 주님의 교회를 만들지 않는 모습을 볼 때가 있습니다. 오히려 담임목사의 교회를 만듭니다. **그런 교회는 겉으로는 화려할지 모르지만 나쁜 교회임에 틀림없습니다.**

설교철학

김 목사님 이번에는 설교에 대해 한번 여쭤보도록 하겠습니다. 담백하게 먼저 질문을 드려 볼게요. 목회자에게 설교란 무엇이라 말할 수 있을까요?

백 '설교란 무엇인지?'를 한 문장으로 말한다면 '기록된 하나님의 말씀의 재해석'이라고 할 수 있습니다. 기록된 하나님의 말씀이, 현재 청중이 처한 상황에서 재해석 되어지는 것이 설교입니다. 이 방향성과 해석의 성격을 잃어버리면 안 됩니다.

그렇다면 <설교>에 있어서 가장 먼저 다루어야 하는 차원은 무엇일까요? 그것은 '기록된 하나님의 말씀'입니다. 즉, 성경입니다. 그렇기에 설교에 있어서 성경을 깊이 다루는 것은 매우 중요합니다. 이것은 다른 어떤 것으로 대처할 수 없습니다. 설교는 예화와 논리로 하는 것이 아닙니다. 설교는 성경을 가지고 하는 것입니다. 그렇기에 목회자는 성경을 터득해야 합니다. 아니, 성경에 득도해야 합니다. 성경을 연구하는 방법은 수 없이 많을 것입니다. 그런데 어떤 방법이 절대적인 방법이라고 말하고 싶지는 않습니다. 그러나 성서를 보면서 꾸준히 연구하고, 훈련하고, 성장할 수 있는 각자의 방법을 찾는 것이 중요합니다. 목회자에게 있어서 신학교 시절의 성경 읽기는, 아주 짧은 순간입니다. 목회자는 그 때의 기억으로 평생을 살면 안 됩니다. 계속해서 성경을 연구하며 살아야 합니다.

그럼 설교에 있어서 두 번째로 다루어야 하는 차원은 무엇일까요? 그것은 '재해석'입니다. 하나님께서 인간에게 성경의 메시지를 주셨을 때, 분명 첫 번째 청중은 따로 존재했습니다. 지금 여기에 있는 우리가 아닙니다. 지금 우리는 그 말씀에 대한 재해석을 듣는 겁니다. 재해석의 역사성은 오늘도 이어지고 있습니다. 그렇기에 기록된 하나님의 말씀은, 지금 여기서 오늘을 살아가는 우리의 상황 속에서 재해석 되어야 합니다. 그렇기에 상황과 특수성을 무시해서는 안 됩니다. 그래서 설교자에게 시대를 읽는 눈과 상황을 파악하는 통찰력은 필수적인 것입니다. 이것 역시 항상 연습해야 합니다.

사람들이 흔히들 "좋은 설교, 탁월한 설교의 특징은 와 닿는다"라고 합니다. 왜 와 닿을까요? 그것은 성경의 해석과 상황의 재해석을 치열하게 해낸 결과입니다. 그렇기에 설교자는 텍스트(성경)와 컨텍스트(상황)를 해석할 수 있는 실력이 있어야 합니다.

김 목사님 **설교와 설교자의 관계**에 대해서 조금 더 이야기 해주실 수 있을까요?

백 **설교 신학자 토마스 롱(Thomas G. Long)은 "설교자가 누구냐" 라는 질문에 4가지 이미지에 대해서 다음과 같은 이야기를 합니다.**

첫 번째, '선포자로서의 설교자(Preacher as a herald)'입니다. 여기서 "herald" 는 선포자라는 뜻입니다. 이 단어의 용례는 왕이 신하에게 명령을 할 때 사용됩니다. "너는 이러한 메시지를 가지고 언제, 어디서, 누구에게 메시지를 전하라"라고 하는 것입니다. 그 때, 이 사람은 왕의 명령을 가지고 가감 없이 그 시간에, 그 장소에서, 그 사람들에게 가서 전하게 됩니다. 하나님은 분명 당신의 종들에게, 하나님의 마음을 전수해 주십니다. 그래서 '선포자로서의 설교자(Preacher as a herald)'란 하나님의 마음으로 청중들에게 메시지를 전하는 것입니다. 이것은 설교에 있어서 정말 중요한 요소가 됩니다. 설교자가 설교의 영감을 받을 수 있는 곳은 여러 가지가 있습니다. 가장 중요한 원천은 성경이 되겠지만, 성도들의 상황, 교회의 상황 등도 원천이 될 수 있습니다. 그런데 성경에서 원천이 되지 않는 설교는 결국 그 방향을 잃게 됩니다. 그렇기에 설교자는 하나님의 마음을 전수받는 것에 많은 단련을 해야 합니다.

두 번째, '목자로서의 설교자(Preacher as a shepherd)' 입니다. 설교자는 선포자 역할도 있지만, 목자같이 양들의 상황을 살펴야 하는 법입니다. 양의 상황을 살피면서 양들에게 어떤 문제가 있고, 어떤 아픔이 있는지를 파악해야 합니다. 왜냐하면 결국 목회라는 것은 목양이기 때문입니다. 대부분의 한국교회 목사들은 쉬지 않고 설교를 합니다. 그런데 냉정하게 생각해 보아야 합니다. 매주하는 그 설교가 진정 성도들의 삶과 고민, 그리고 그 상황을 공감할 수 있는 내용을 담고 있는지 아니면, 본인 입맛에 맞는 설교를 하는지 말입니다. 성도들의 삶과 관련이 없는 설교를 한다는 것은 둘 중의 한가지입니다. 목자가 자신의 양들에게 전혀 관심이 없거나, 목자가 자기 자신만을 위해서 산다거나. 'herald'와 'shepherd'는 화살표로 말하면 정반대의 방향성을 가지고 있습니다. 'herald'가 위로부터 아래를 향한다면, 'shepherd'는 아래로부터 위를 향합니다. 어떤 방향을 취하느냐에 따라 설교의 출발점이 전혀 달라진다는 것을 잊으면 안 됩니다.

제가 전국목회자세미나에서 강의한 적이 있습니다. 그 세미나에 참석한 목사님들에게 물었습니다. "자신이 설교자로서 'herald'라고 생각하는 사람 손들어보세요" 이 때 많은 분들이 손을 들었습니다. 그래서 다시 물었습니다. "자신이 설교자로서 'shepherd'라고 생각하는 사람 손들어 보세요" 그러니까 또 많이 들어요. 그런데 첫 번째 손을 들었던 목사님들 중에 적지 않은 분들이 또 손을 들었습니다. 그러면서 한국교회 목사님들 중에 많은 분들이 설교자의 자기 정체성에 대한 이해가 부족한 것이 아닐까 하는 생각이 들었습니다. 그리고 세 번째 이미지인 '이야기꾼으로서의 설교자(Preacher as a storyteller)'와 네 번째 이미지인 '증인으로서의 설교자(Preacher as a witness)'에서는 거의 손을 들지 않았습니다.

김 목사님, 전국목회자세미나 때, 목회자들이 가장 손을 적게 들었던 설교자의 이미지는 어떤 것이었나요?

백 **세 번째 부분인 '이야기꾼으로서의 설교자(Preacher as a storyteller)'입니다.** 거의 손을 들지 않았습니다. 그리고 저는 고민을 많이 하게 되었습니다. 왜 이 질문에는 손을 들지 않는 걸까? 그런데 생각해보니, 한국 목회자의 정서때문에 그런 것 같습니다. **왜냐하면 이야기 꾼(storyteller)이라고 하면, 정서상 격이 낮은 것이라고 생각하는 경향이 있습니다.** 그러나 이것만큼 큰 오해는 없습니다. 그 이유는 예수님의 설교 방식을 생각해 보면 알 수 있습니다.

전도사님은 예수님의 설교 방식이 어떤 방식일 것 같나요?

첫 번째인 선포적 방식? 아니면 두 번째인 목양적 방식? 아니면, 제가 곧 이야기할 증인으로서의 방식? 아닙니다. **예수님의 설교 방식은 90%이상이 스토리텔링입니다. 예수님은 설교하실 때, 항상 '이야기' 방식으로 설교를 하셨습니다.** 예수님은 왜 그렇게 하셨을까요? 또 성경은 무수한 문학적 단위로 이야기들이 구성되어 있는데, 왜 그런 이야기 방식으로 기록되어 있는 걸까요? **이 부분에 있어 설교학자로서 나름의 결론을 내린 것이 있습니다. 그것은 이야기 방식이 가장 효과적이라는 것입니다. 이야기 방식으로 설교를 해야 어린아이부터 어른까지 진리를 이해할 수 있고, 공감할 수 있기 때문에 그렇습니다. 또 가장 기억에 선명하게 남습니다.**

생각해 보십시오. 이야기는 언제나 스스로 똬리를 틀어 우리의 가슴에 살아 있습니다. 우리가 읽은 책의 대부분은 쉽게 잊습니다. 그런데 어릴 때 들은 이야기 혹은 타인으로부터 들은 이야기들은 쉽게 잊혀지지 않습니다. 그런 작은 문학적 단위들은 가슴에 플롯(Plot)을 만들어서 살아 있습니다. 성서의 수많은 작은 문학적 단위의 이야기들도 마찬가지입니다. 선악과 이야기, 가인과 아벨 이야기, 노아이야기, 모세이야기, 다윗이야기, 솔로몬이야기, 삼손이야기, 엘리야이야기, 엘리사이야기, 모두 문학적 단위로 있기에 우리 가슴속에 남아 있습니다. **그렇기에 설교자는 필수적으로 이야기 꾼(storyteller)이 되어야 합니다. 자신의 설교 방식에 있어서 이 부분은 반드시 단련을 해야**

합니다. 그런데 한국 목회자들은 사회 정서상 이것을 가볍게 생각하는 것 같아 참으로 아쉽습니다.

김 **저도 꼭 그렇게만 생각했는데.... 반성하겠습니다.**

백 **네 번째는 '증인으로서의 설교자(Preacher as a witness)'입니다.** 'witness'는 증인이라는 뜻이지요. 요한일서를 보면 이런 말씀이 있습니다. "태초부터 있는 생명의 말씀에 관하여는 우리가 들은 바요 눈으로 본 바요 자세히 보고 우리의 손으로 만진 바라_(요일 1:1)" 요한은 증거 합니다. 자신이 하나님의 말씀에 관해서, 하나님을 경험하고 체험했다고 말입니다. 증인으로서의 설교자도 마찬가지입니다. 설교자는 증인으로서 말씀을 선포하기 전에 그 말씀에 대한 경험과 체험이 있어야 합니다. 이것이 있어야 설교에 더욱 확신을 가지고 성도들에게 이야기할 수 있습니다. 진리의 증인이라 하면서 자신이 경험하지도 못한 것을 설교하는 것은, 진실되지 못한 것이라고 생각합니다.

대부분 한국교회 목사님들이 성도님들에게 증인이라는 말을 잘 가르치지 않습니다. 간혹 증인이라는 말을 하면, 모두 전도에 관한 것으로만 생각합니다. 그러나 witness라는 단어의 의미는 자신이 삶으로 경험한, 체험한 것들을 포함합니다. 많은 목사님들이 성도들에게 성령체험은 강조하지만, 말씀체험은 강조하지 않습니다. 사실 신앙생활에서 중요한 것은 교회에서의 성령체험이기보다 일상생활 속에서의 하나님 체험입니다. 이것이 가능해야 더욱 증인으로서의 삶을 살게 되는 것입니다. 그런데 이 부분에 자신 없어 하는 목사님들도 있는 것 같습니다. 이제는 성서를 조금 다른 관점에서 보아야 할 것 같습니다.

김 혹시 목사님 후배들에게 이 4가지 설교자의 모델 중에 추천해주고 싶은 모델이 있으신가요? 또 지금까지 이야기 해주신 <목회철학>으로서 교회에 사역을 할 때, 교역자들에게 발달시켜야 할 모델은 어떤 유형일까요?

백 모두 다 중요합니다. 자신의 성향과 달란트에 맞추어서 하면 될 것 같습니다. 그런데 제 <목회철학>의 관점에서 추천해주고 싶은 모델은 있습니다. 미국 설교학 교수인데, 프래드 B. 크래독(Fred B. Craddock)이라는 분이 있습니다. 이분은 미국 설교학의 흐름을 완전히 바꿔놓은 설교학의 대가라고 말할 수 있습니다. 그분은 신약학자이면서 설교학자인데 1971년도에 쓰신 책이 있는데, **"권위 없는 자처럼(As One Without Authority)"이라는 책입니다.** 이 한 권의 책이 설교학에 코페르니쿠스적 혁명을 가져 왔다고 해도 과언이 아닙니다. 이 책의 내용은 아주 단순합니다.

설교의 방식에는 다양한 방식이 있습니다. 보통 본문접맥설교, 대지설교, 사각설교, 강해설교, 정반합설교, 스토리텔링 설교 등 정말 다양한 방법이 존재합니다. 그런데 크래독 교수님은 모든 설교의 방식을 '연역적 설교' 방식과 '귀납적 설교' 방식으로 구분하고, '연역적 설교' 방식을 탈피하고 '귀납적 설교'의 방식을 제안합니다.

김 목사님 연역적 설교란 무엇인가요?

백 연역적 설교는 우리가 전통적으로 하고 있는 설교 방식입니다. 이 설교는 쉽게 말해서 논리적 설교라고도 할 수 있고, 대지설교라고도 할 수 있습니다. 이런 설교를 작성할 때는 메커니즘이 비슷합니다. 서론에 설교의 주제를 이야기하고, 본론에 1, 2, 3을 이야기 하고 결론을 맺습니다. 그리고 본론의 1, 2, 3을 이야기할 때, 그것에 관한 각각의 예를 듭니다.

김 그렇다면 귀납적 설교는 무엇인가요?

백 귀납적 설교는 중심 주제가 설교 초반에 주어지지 않습니다. 주석, 예화 등 준비한 재료들이 하나씩 전개되면서 설교 후반에 가서 자연스럽게 중심 주제가 드러나게 하는 것입니다.

근래의 설교학 연구에서 연역적 구성을 피하고 귀납적 구성을 선호하는 가장 큰 이유는 문화의 변동 때문입니다. 과거에는 연역적 구성이 논리적이며 합리적이고 설득력이 있다고 보았습니다. 그러나 근대 후기에 들어서면서 사람들은 문학, 예술, 교육 등의 문화 전 분야에서 보다 역동적이고 긴장감 있는 감동을 기대하게 되었습니다. 그러면서 연역적 구성은 대중에게 감동을 주는데 더 이상 효과적이지 못하다는 점을 인식하게 된 것입니다. 이 연역적 구성은 서두에 중심 주제가 제시됨으로 사람들에게 긴장감과 흥미를 주지 못한다는 것을 발견한 것입니다. 설교에서의 연역적 구성도 성경본문과 제목, 혹은 설교 서두에서 설교의 주제가 주어지거나 충분히 짐작할 수 있다는 점에서 근대 후기 문화 속의 청중에게 진부한 것이 되기 쉽습니다. 그러나 귀납적 설교는 설교자가 중심 주제를 선언적으로 밝히는 것 대신, 설교자가 제시하는 성경본문에 대한 설명, 예화, 이야기, 질문 등을 통해서 청중이 스스로 설교의 주제에 도달하게 하는 것입니다. 그리고 청중이 설교의 중심 주제를 짐작하거나 파악하게 되었을 때는 설교자가 명쾌하게 주제를 다시 한 번 제시합니다. 물론 일부 설교학자들은 설교자가 아예 그 주제를 노출하지 말아야 한다고 주장하기도 하지만, 귀납적 설교를 실천하는 대부분의 설교자들은 설교의 후반에 설교 주제를 진술해 줍니다. 영화설교나 드라마설교도 귀납적 설교의 형태들이라고 할 수 있는데, 대부분의 영화나 드라마는 결론을 마지막까지 숨깁니다. 최후의 반전을 통해서 주고자 하는 메시지를 전달하는 것이 영화와 드라마 기법입니다. 성경적인 주제를 담고 있는 영화와 드라마를 감상하고 그것에 대한 설교자의 적절한 설명을 통해서 회중은 설교의 주제를 귀납적으로 전달 받을 수 있는 것입니다.

김 목사님 질문 있습니다. 이것은 아까 말씀하신 **'이야기꾼으로서의 설교자(Preacher as a storyteller)'**와 비슷한 모델 아닐까요?

백 그렇습니다. 그렇게 생각하면 됩니다.

김 사역의 현장 속에서 목사님이 생각하실 때에도, 이 귀납적 설교가 교인들에게도 더 많이 기억에 남는다는 것이죠?

백 맞습니다. 한 번 생각해 봅시다. 예수님께서 승천하신 후 첫 번째 복음서가 쓰여 진 것이 30년 후입니다. 사복음서 중 마가복음이 첫 번째 복음서로 쓰여 졌는데, 마가복음이 쓰일 때 까지도 약 30년간의 공백이 있습니다. 그 시간이 결코 짧지 않은 기간인데, 당시 사람들에게 생생하게 복음서로 담아낼 수 있었던 것은 구전이기에 가능했던 것입니다. 즉, 입에서 입으로 나누기 편한 이야기였던 것입니다. 만약에 이것이 강의나 교리였다면 아마 그렇게 잘 전해지지 않았을 겁니다. 오늘날 우리에게 전해지기도 상당히 힘들었을 거라 생각합니다. **이 점에서 예수님의 모든 설교가 비유와 이야기였다는 것을 깊게 생각해 볼 필요가 있습니다. 그만큼 스토리는 파워가 있습니다.**

김 그렇군요. 한국교회의 설교문화에서 바뀌어야 할 것이 많이 있는 것 같습니다. 우리는 너무 날카로운 이야기를 좋아하는 것 같아요.

백 제가 재미있는 이야기를 한번 해보겠습니다. 제목은 "진리와 이야기(Truth & Story)의 시합"입니다. 전도사님이 생각할 때는 진리(Truth)와 이야기(Story)가 경쟁을 하면 누가 이길 것 같습니까? 사람들이 누구를 더 좋아할 것 같습니까?

김 진리가 이길 것 같은데요.

백 그렇습니다, 진리는 옳기 때문입니다. 그래서 진리(Truth)도 사람들이 자신을 더 환영할 것이라고 생각했습니다. 그런데 흥미롭게도 사람들에게 진리(Truth)가 접근하니까 그들이 피합니다. 문 닫고 집으로 들어가고, 도망갑니다. 진리는 당황 했을 겁니다.

이번에는 이야기(Story) 차례입니다. 이야기가 사람들에게 접근합니다. 그런데 이야기(Story)가 다가가니 모든 사람이 좋아하는 겁니다. 즐겁게 들으며 시간 가는줄 모릅니다. 이것을 본 진리(Truth)가 이야기(Story)에게 '함께 하자'고 제안합니다. 그리고 진리(Truth)와 이야기(Story)가 함께 다가가니, 모든 사람들이 잘 들으면서 깨닫게 됩니다. 쓴 약에 캡슐을 입혀서 먹으면 효과는 똑같지만, 쓰지 않게 먹을 수 있는 것과 같은 원리입니다.

기독교는 진리의 종교입니다. 그런데 기독교의 메시지가 부담스러운 것이 참 많습니다. 천국, 지옥, 죄, 회개, 구원, 거룩, 용서, 낮아짐, 섬김, 충성, 봉사, 등등 입니다. 이런 무거운 주제들을 연역적으로 전하는 것보다 스토리를 입혀서 전하면 분명 사람들이 즐겁게 들을 것입니다. 그리고 더 잘 깨달을 겁니다.

조금 과격한 말이지만, 그래서 프래드 B. 크래독(Fred B. Craddock)은 "방법론이 곧 설교이고, 방법론이 곧 메시지 자체이다" 라고 말했습니다. 사람이 어떤 옷을 입느냐에 따라 그 사람의 외관이 달라지듯, 설교의 본문도 연역적 옷과 귀납적 옷 중에 어떤 옷을 입히느냐에 따라 메시지가 달라집니다.

김 목사님 그럼 여기서 질문을 안 드릴 수 없는 것이 있습니다. 구체적으로 방법론에 대해서 설명해 주실 수 있을까요? 그런 진리와 이야기가 만나는 설교의 형태를 무엇이라고 말할 수 있을까요?

백 'Narrative Preaching' 이라고 할 수 있습니다.

김 구체적으로 'Narrative Preaching'이라는 것이 어떤 형태로 이루어진 설교이고, 이 'Narrative Preaching'의 강점이 무엇인지 말씀해주시면 좋겠습니다.

백 Narrative Preaching은 강의식, 주제식 설명방법론을 말하는 것이 아닙니다. Narrative Preaching은 소설, 드라마, 영화와 같은 형태를 취하는 장르라고 말할 수 있을 것 같습니다. 즉, 스토리로 전달되는 문학적 형태를 가지는 설교라고 말할 수 있습니다.

김 그런데 약점은 없을까요? 이런 이야기식 설교는 "본문 해석이 약하다"라는 평가는 없을까요? 기존의 다른 설교방법론들은 성경의 본문을 다루는데, 이것은 설교의 방법론을 다루는 차원처럼 느껴져요.

백 그럴 수도 있습니다. 그런데 기존 설교에는 너무 많은 요소들이 들어 있다는 생각은 혹시 안 해보셨나요? 한편의 설교에 한 가지 주제만 이야기 해도 충분한데, 너무 많은 것들을 껴 넣어서 설교가 복잡해지는 경우도 많습니다. 그 이유는 본문해석이 과해서 그럴 수도 있고, 본문이 진짜 말하고자 하는 단순함을 찾지 못해서 그럴 수도 있습니다. 그래서 성도들이 즐겁게 설교를 듣기보다는 무겁고 복잡하게 듣게 됩니다.

성경에 나오는 예수님 설교의 특징 가운데 하나가 "청중이 즐겁게 듣더라"(막12:37)입니다. 물론 설교를 통해 코미디를 하자는 것은 아닙니다. 그러나 설교는 청중들이 즐겁게 들을 수 있는 요소로 준비해야 하는 것이 바로 'Narrative'입니다. 예를 들어 우리가 어떤 좋은 영화를 봤다고 합시다. 좋은 영화를 볼 때, 대부분의 사람들은 즐겁게 깊이 빠져 들어서 영화가 말하고자 하는 하나의 메시지를 만납니다. **제작자는 그 메시지를 전달하기 위해서 이야기를 만드는 것입니다. 설교도 마찬가지입니다. 본문에 대한 해석도 중요하지만, 본문을 흡입력 있게 끌고 가는 Narrative는 더 중요한 것입니다.**

그런데 오해하지 말아야 할 것은 Narrative Preaching은 성경 본문을 떠나자는 것이 아니고, 오히려 준비하는 과정에서 본문에 대한 깊은 이해가 필요합니다. 본문해석을 문자적으로가 아니라, 본문의 이야기에서 찾으려고 하는 것입니다. 왜냐하면 본문은 메시지를 가지고 있기 때문입니다.

예수님의 설교를 보면 이런 말씀이 있습니다. "비유가 아니면 아무것도 말씀하지 아니하셨으니"(마13:34, 막4:34) 즉, 예수님의 설교 방법은 비유였다는 것입니다. 그럼 비유가 무엇입니까? 결국 스토리인 것입니다. 예수님의 메시지는 분명했습니다. '하나님 나라(Kingdom Of God)'입니다. 그리고 하나님 나라에 관한 메시지를 비유라고 하는 옷을 입혀서 전달했습니다. 그것이 설교자의 과제입니다.

김 실제로 목사님의 설교를 Narrative Preaching으로 했을 때, 교회적인 반응은 어떠했나요?

백 처음 Narrative Preaching설교를 했을 때, 교인들의 반응은 "어?!" 이었습니다. 아마도 기존에 익숙했던 설교와 달라서 생긴 반응인 듯 합니다. 그런데 반응과는 달리 조는 사람이 없었습니다. <인천중앙교회> 찬양대 위치는 교인들 전체를 볼 수 있는 구조입니다. 찬양대원들이 이런 말을 했습니다. "목사님 설교 시간에는 교인들이 졸지 않아요"라고 하더군요. 이것은 <증가교회>도 동일합니다. 물론 <인천중앙교회>나 <증가교회>에서 저보다 앞서 목회하셨던 목사님들이 성도들의 마음밭을 잘 다듬어 놓은 것도 있습니다.

특히 <증가교회>는 원로목사님이 설교에 대한 성도들의 마음밭을 잘 만들어 놓으셨어요. 저와는 다르게 연역적 설교를 하셨지만 워낙 설교에 탁월함이 있으셨어요. 이런 부분을 간과해서는 안됩니다.

김 물론 그렇지만 목사님의 설교시간에는 아무도 졸지 않았다는 성도들의 고백을 듣는 것은 설교자에게는 엄청나게 큰 영광이지 않나요?

백 이것이 Narrative Preaching의 장점 중 장점이라고 생각합니다. 설교를 통해 코미디를 하자는 것은 아니지만, 설교를 흡입력 있게 만듭니다.

김 Narrative Preaching의 그 흡입력 있고 풍요로운 이야기는 어떻게 준비 하시나요?

백 예수님의 비유가 몇 절로 되어 있는지 아십니까? 예수님은 '하나님 나라'라는 한 가지 주제를 말하기 위해서 다양한 이야기(비유)를 사용하셨습니다. 어떤 경우에는 한절로 말씀하실 때도 있고, 열절로 말씀하시기도 합니다. 두 가지 이야기를 포개어서 설명하실 때도 있습니다. 그러나 당시에 예수님이 설명하실 때에는 장시간 하셨겠지만, 성경의 저자는 그것을 압축해서 한 절 혹은 몇 절로 정리했을 겁니다. 그럼 설교자의 작업은 역으로, 한 절의 말씀을 30분, 40분으로 늘리는 작업이 필요한 것입니다. 그럴 때 인위적인 방법보다는 기술이 필요합니다.

이것을 잘 설명 해주는 사람이 설교학자 유진 로우리(Eugene L. Lowry)라는 교수입니다. 그분이 쓴 책 중에서 "어떻게 비유를 설교할까(How to Preach a Parable)"라는 책이 있습니다. 이 책의 부재는 "Designs for Narrative Sermons"입니다. 저자는 이 책을 쓴 이유를 두 가지로 듭니다. 그 이유가 재미있는데 하나는 비유를 설교하는 일은 '범상한' 설교자가 함부로 못할 일이라 여겨서 비유 자체를 아예 멀리하는 설교자들이 있다는 점이고, 또 하나는 재능있는 소수의 설교자들만이 내러티브 설교(narrative sermons)를 할 수 있다고 믿는 이들이 적지 않다는 점입니다. 즉, 비범한 재능을 가지고 있지 못한 평범한 설교자들이 비유와 내러티브 설교를 할 수 있게 돕고자 하는 것이 이 책을 쓰는 목적이라는 것입니다.

유진 로우리(Eugene L. Lowry)는 책에서 설교를 이끌어 가는 네 가지 방식을 이야기 합니다. 조금 생소할 수 있지만, 스토리 진행(running the story), 스토리 보류(delaying the story), 스토리 유예(suspending the story), 스토리 전환(alternating the story)입니다.

스토리 진행(running the story)은 성경본문을 내러티브 설교로 형상화하는데 가장 간단하면서도 기본적인 것으로서, 성경본문의 스토리(비유나 내러티브적 설명 등)를 성경본문 자체가 제시하는 실제 내러티브의 흐름 속에서 구성하는 것을 의미합니다. 설교자가 이것을 세련되고, 창조적으로 꾸밀 수 있다고 말하고 있습니다.

스토리 보류(delaying the story)는 본문이 설교의 이슈에 대한 해답을 가진 경우에 주로 사용되는 방법입니다. 다른 소재를 가지고 설교를 시작하여, 해결책을 구하기 위해 성경본문에 시선을 모으는 방법입니다. 그래서 잘 알려진 본문을 새롭게 볼 수 있게 도와줍니다.

스토리 유예(suspending the story)는 내러티브 설교 기법 중에서 가장 자주 쓰이는 것으로 스토리 진행처럼 성경본문으로 설교를 시작하지만, 어떤 것이 스토리 진행상에 돌출될 수 있다는 점이 구별됩니다. 스토리 진행 중에 설교자가 현재의 상황으로 들어오거나, 혹은 본문의 앞뒤문맥을 살펴보는 것 등이 스토리 유예 기법이라 할 수 있습니다.

마지막으로 스토리 전환(alternating the story)기법은 본문 스토리의 흐름이 부분별로, 삽화별로 또는 짤막짤막한 사건별로 나누어지면서 성경에 나오는 스토리가 다른 소재들로 더욱 풍성해지도록 하는 설교입니다.

김 목사님 이론적 설명을 잘 해주셔서 너무 감사합니다. 그런데 여전히 잘 와 닿지 않아서요. 이것을 실제 설교의 형태로 설명해 주실 수 있을까요?

박 그건 제가 한 번 말씀드리겠습니다. 저는 목사님에게 배우기도 했고, 계속해서 목사님 설교를 듣는 사람으로서 쉽게 말씀드릴 수 있을 것 같습니다. 예를 들어 '기도'를 주제로 설교를 한다면 보통의 설교자들은 "기도란, 하나님과 대화하는 것입니다", "하나님과 소통하는 것입니다" 이렇게 이야기 하면서 설명을 주로 합니다. 또 강해설교자라면 "본문에 나와 있는 원어적 의미의 기도는 이렇습니다"로 이어갑니다. 그런데 백운주 목사님이 말씀하시는 Narrative Preaching으로 설교한다면 접근부터가 다릅니다. 기도로 사시는 어머니와 아버지 이야기, 기도할 때 응답받은 이야기가 섞입니다. **그리고 무엇보다 중요한 것은 기도를 설명하지 않습니다. 그런데 성도들이 오늘 설교가 기도인**

것을 다 압니다. 그리고 왜 기도해야 하는지를 알게 됩니다. 결과적으로 성도들이 기도가 하고 싶어지도록 만드는 겁니다. 이것이 이야기의 힘인 것 같습니다.

백 그런데 기억할 것은 설교에서 이야기를 많이 한다고 Narrative Preaching은 아닙니다. 또한 예화를 많이 든다고 Narrative Preaching도 아닙니다. Narrative Preaching은 설교에 거대한 플롯을 만드는 것이고, 그 안에 움직임(Movement)을 만드는 것입니다. 그래서 Narrative Preaching으로 설교방식을 전환하게 되면 전보다 시간이 많이 걸립니다. 시간투자를 많이 해야 하고, 생각을 많이 해야 합니다. 그리고 플롯을 항상 구상해야 합니다. 단순히 예화를 많이 모으는 것이 아니라 스토리의 모음이 많아야 합니다.

김 목사님은 설교의 요소 중 서론, 본론, 결론 중에 제일 중요하게 여기시는 부분이 어떤 부분인가요?

백 모두 다 중요합니다. 연역적 설교에서는 서론과 본론 그리고 결론을 구분하는데, 귀납적 설교는 모든 요소가 다 중요합니다. 그 이유는 설교 전체가 하나의 스토리가 되기 때문입니다. 서론, 본론, 결론을 구분해서 세부적으로 구성하는 것보다 더욱 중요한 것은 설교의 전체 플롯(Plot)을 구성하는 것입니다. 이것은 일반 설교를 준비하는 것보다 몇 배 더 힘든 일입니다.

김 목사님, 설교의 전체 플롯(Plot)을 구성할 때 참고할만한 방법이 있을까요?

백 **쉽고 좋은 방법이 있습니다. 무엇보다 성서 본문에 대한 흐름을 깊게 묵상하는 것입니다.** 그 흐름을 이해하고 묵상하고 받아들이는 것이 가장 중요합니다. 본문에 대한 흐름이 없으면, 설교를 하는데 본문과 상관없는 예화를 넣기도 하고 상관없는 내용으로 설교를 하게 됩니다. 그렇기에 설교를 구성하기에 앞서 본문의 흐름에 대한 충분한 이해와 공부가 필수적입니다.

김 목사님 이번에는 조금 더 어려운 것 하나 여쭤볼게요. 이건 현장 목회자들보다, 신학생들이 굉장히 궁금해 하는 부분입니다.

특별히 대한민국이라는 사회 속에서 정치적으로 핫이슈가 되는 문제들이 있잖아요. 예를 들면 세월호, 제주 강정마을, 밀양 동화마을 사건 그리고 최근에는 민식이법 까지요. 여기서 설교는 어떤 역할을 해야 할까요?

백 진지하고 당돌한 질문이십니다.(웃음) 저는 일단 이 부분은 원칙보다는 지혜와 균형이 필요하다고 생각합니다. 기본적으로 예수 믿는 사람은 이 땅에서 잘 먹고 잘 사는 것에 목적이 있는 것이 아니라, 이 땅을 변화시켜서 '하나님 나라'를 만드는 것에 있습니다. **즉, 이 땅에 있는 구조적인 모순들을 극복하고 고쳐서 좋은 나라를 만드는 게 우리의 목적이 아닙니다.** 그러나 그렇다고 해서 이 땅에 있는 비합리적인 일들을 내버려두자는 것은 아닙니다. **다만 우리가 이 땅의 모순을 극복하고 고쳐서 '하나님 나라'를 만들어가는 것이 아니라면, 굳이 그것에 대해서 목숨 걸 필요가 있겠냐는 생각입니다.**

대한민국은 이미 이데올로기화되었습니다. '좌' 아니면 '우'로 편 가르기를 합니다. 그렇기 때문에 설교시간에 사회적 이슈와 정치적 문제로 좌와 우를 이야기 하는 것은 지혜로운 것이 아닙니다. **그것은 정의의 문제가 아니라, 이데올로기를 교회 안에 조장하는 것입니다. 시대적인 문제를 설교를 통해 접근해 나가기 시작하면 교회는 이데올로기의 장이 되어 버립니다. 그래서 저는 가급적 정치적 문제를 다루지 않으려고 합니**

다. 설교는 하나님의 뜻으로 대변되기 때문에 언제나 설교자는 설교의 특수성을 유념해야 합니다. 물론, 목사도 사회 구성원으로서 분명한 소신은 있습니다. **그러나 그 소신이 설교를 통해서 나오는 것은 바람직하지 않습니다. 설교는 하나님 말씀이기 때문입니다. 그래서 설교는 '본문'으로만 하는 것입니다.**

김 목사님, 요즘 들어 '설교와 표절'에 관한 문제도 굉장히 이슈가 되고 있는데요. 여기에 대해서는 어떤 가르침을 주실 수 있을까요?

백 제가 신학교에서 공부할 때 설교학을 가르쳤던 교수님 말씀이 생각납니다. 그분은 이런 말을 자주 하셨습니다. **"남의 설교를 많이 듣고, 남의 설교를 많이 따라 해라"** 이 말은 표절을 하라는 가르침이 아닙니다. 좋은 소설을 쓰려면 좋은 소설을 많이 읽어야합니다. 좋은 시인이 되려면 좋은 시를 많이 읽고 외우는 것이 좋습니다. 이처럼 좋은 설교를 많이 듣고 흉내 내고 따라 하는 것은 나쁘지 않다는 의미라고 생각합니다.

그런데 이건 확실히 해야겠죠. 더 좋은 설교를 만들고 싶어서 좋은 설교를 보며 연구하고 따라하는 것인지, 아니면 설교를 만들기 귀찮고 게을러서 그렇게 하는지를 말입니다. 여기에는 상당한 차이가 있습니다. 하나님 앞에 부끄럽지 않아야 한다고 생각합니다.

그런데 한 가지 덧붙이고 싶은 것은 "너무 설교에 목숨을 걸지 말라"는 것입니다. 대부분의 목회자들은 설교를 잘하면 목회를 잘하는 것이라고 생각합니다. 물론 설교를 잘하면 목회의 큰 도움이 됩니다. **그런데 설교를 잘한다고 해서 목회를 잘 하는 것이 아닙니다. 목회는 전인적으로 하는 것이기 때문입니다. 그래서 좋은 설교는 전인적인 설교일 수밖에 없습니다. 목사님의 설교가 진짜인지, 가짜인지 성도들은 다 압니다. 그렇기에 좋은 설교를 하기 위해 노력하는 동시에 좋은 사람이 되기를 노력해야 합니다.** 우리가 설교하는데, 영화 대사처럼 "너나 잘하세요~(친절한 금자씨)" 이러면 안 되지 않겠습니까? (웃음)

예배철학

김 목사님 이번에는 예배철학에 대해서 여쭤보고 싶습니다. 목회자가 철학적으로 접근해야할 '예배'란 무엇인지 설명 해주시겠습니까?

백 예배는 목회자와 성도 모두에게 너무나 소중한 것입니다. 예배를 영어로 'worship'이라고 합니다. 'worth(가치)'와 'ship(신분)'의 합성어로 각각의 신분에서 가장 중요한 가치를 드린다는 의미입니다. 그렇기에 목회자는 목회자로서 가장 가치 있는 것을 드리고 성도는 성도로서 가장 가치 있는 것을 드리는 것입니다. 그리고 동시에 하나님과 만나는 시간이 바로 예배입니다.

김 그렇다면 교회 예배 가운데 가장 중요하게 생각하시는 요소에는 어떤 것이 있을까요? 보통 예배의 요소에는 여러 가지가 있잖아요. 예배의 요소 중 묵상, 찬양, 기도, 설교, 축도, 광고, 교제, 헌금 등 많은 순서 속에서 목사님께서 중점적으로 생각하시고 강조하시는 부분이 있을까요?

백 **먼저는 설교입니다.** 예배의 모든 순서가 중요하지만, 개신교예배라면 말씀이 가장 중요합니다. 그래서 설교가 중요한데, 그렇다고 설교만 돋보이면 안 됩니다. 설교가 한편의 스토리였으면 좋겠다고 하는 것처럼, 예배 또한 끊이지 않고 물 흐르듯이 하나님 앞에 드려지는 작품이었으면 좋겠다는 생각을 합니다.

김 그래서 목사님이 예배에서 강조하는 요소는 무엇이 있을까요?

백 그것은 단순화입니다. 한국교회는 예배의 요소가 너무 많은 것 같습니다. 보통 한국교회 예배는 '묵상-찬양-기도-찬양-설교-기도-찬양-축도' 순입니다. 그런데 <증가교회>는 이것을 단순화시켰습니다. 찬양의 순서를 앞에만 배치했고, 그 다음에 바로 광고를 배치하고 마지막에 설교를 하면 예배가 정리되는 형태입니다. 이렇게 구성한 이유는 성도들이 예배에 더 깊이 집중하도록 하기 위함입니다.

그리고 최근에는 예배시간에도 변화를 주었습니다. 보통교회들은 7시, 9시, 11시 예배인 반면, 우리는 7시, 10시, 12시에 드립니다. 전에 우리교회도 11시에 예배를 드렸는데, 그 시간에 많은 성도들이 참석했습니다. 그렇다보니 주차문제와 식사문제에 어려움이 있어 11시 예배를 앞뒤로 조금 흩어서 10시와 12시로 참석인원의 분산을 시도했습니다. 이 또한 성도들이 예배에 더 깊이 집중하도록 만들기 위한 변화였습니다.

김 아, 그러면 10시와 12시 모두 메인 예배의 성격이 있네요.

백 그렇습니다. 별 것 아닌 것 같지만 예배시간의 변화가 많은 문제를 해결해 주었습니다. 예배시간과 같은 실제적인 고민 속에도 예배에 대한 목회철학이 반영된다고 생각합니다.

김 그런 구체적인 고민에 대한 또 다른 요소가 있을까요?

백 **강대상에 변화를 주었습니다.** 대부분의 교회들이 강단 위에 설교자와 기도자의 자리, 그리고 또 다른 순서를 맡은 사람을 위한 자리가 있습니다. 그런데 그런 자리배치가 '하나님의 자리를 대신하는 것은 아닐까?'하는 고민이 들었습니다. 마치 인간이 예배의 주인공이 되는 것 같이 말입니다. 그래서 의자를 없앴습니다. 이것은 인천중앙교회 목회할 때부터 이어져 지금 증가교회에서도 마찬가지입니다. 그렇게 되자 저도 설교시간 외에는 강단 아래에서 하나님께 집중할 수 있게 되었습니다. **이런 것 하나도 하나님이 우리교회의 주인이시다 라는 저와 성도들의 고백이 된다고 생각합니다.**

김 특별하네요. 보통 예배의 순서를 간소화 하는 경우는 많지만, 강대상과 의자까지 치워버리는 경우를 저는 본 적이 없습니다. 목사님, 설교 하실 때도 일반 마이크나 고정된 마이크를 사용하지 않으시고 핀 마이크를 사용하셨다고 제가 이야기 들었는데, 그 이유는 무엇일까요?

백 **청중과 더욱 소통하고 싶어서 그렇습니다.** 고정된 마이크를 쓰면 그 자리에서만 설교를 해야 합니다. 그러면 소통의 아쉬움이 있습니다. 설교를 잘 준비해도 청중과 소통하지 못하면, 그것은 웅변이 되고맙니다. 그래서 더 소통하고자 인천중앙교회에서부터 변화를 주었습니다. 설교는 입으로만 하는 것이 아니라, 몸으로 하는 것이기도 하기 때문입니다. 그리고 또 청중과 아이컨텍(eye contact)도 중요합니다. 예수님도 이렇게 설교하셨을 것이라고 생각이 듭니다. 그런데 몇 번의 수술 후에 지금은 잠시 고정된 마이크를 쓰고 있습니다.

김 조심스러운 질문이지만, <인천중앙교회>에서도 이렇게 하셨을 때 성도들과 소통하기 위해서 이런 변화를 주는 것은 좋지만,

기존 교회가 가지고 있는 전통적 시선에서는 쉽지 않을 것 같은데요.

백 물론입니다. 그래서 처음에 '목회는 싸움이다'를 이야기 한 것입니다. 다시 말하지만, 주님이 기뻐하시는 방향으로 가고자 하는 싸움입니다. <인천중앙교회>도 처음 부임했을 때 강대상이 전통교회의 모습이었고 무거운 원목으로 된 강대상 위에는 종이 있고 설교자는 항상 가운을 입어야 했습니다. 예배 시작 때는 종을 땡땡 치면서 "지금부터 예배를 시작 하겠습니다" 하고 시작했습니다. 물론 이런 것이 나쁜 것은 아닙니다. 그러나 저는 아무리 생각해도 이것이 '목회자는 특별하다'는 권위의 상징이 되는 것 같아서 불편했습니다. 그래서 그 때도 변화를 주었습니다.

김 그 교회에서는 이게 상당히 신선하고, 센세이션 한 시도가 되었겠네요?

백 처음에는 교인들이 적응을 못했지만 저를 신뢰해 주시고 이해해 주시며 잘 적응해 주셨습니다. 예전에는 설교자의 가슴 위만 보면서 설교를 들었습니다. 그런데 크고 무거운 강대상을 치우고 작고 가벼운 것으로 교체하자 설교자의 온 몸을 보게 되고, 메시지를 몸으로 표현하니 전달력이 더 좋았습니다.

김 목사님 그런 전달력은 예배 후 '악수'에도 있는 것 아닌가요? 어떤 분은 그런 이야기를 하더라고요. "설교보다 중요한 것이 악수이고, 악수보다 중요한 것은 눈빛이다"라고요. 그 이유는 대형교회 목사님들이 성도들을 만날 수 있는 시간이 거의 없으니까요. 그래서 그 한순간만이라도 손을 잡고 눈을 보며 대화를 나누어야 한다고 이야기 합니다. 그런데 생각해 보니 <증가교회>는 대형교회라서 이런 요소가 약하지 않나요?

백 동의합니다. 그러나 교회의 규모이전에 예배에 대한 목회자의 인식 때문에 약할 수도 있습니다. 제가 목회해온 <인천중앙교회>와 지금 목회하는 <증가교회>를 비교하자면 중형교회와 대형교회라 할 수 있습니다. 그리고 이 두 교회 역시 예배 후 성도들과의 악수 그리고 간단한 대화 및 눈빛을 나누는 것이 중요합니다. 그런데 그것을 꼭 예배 후에만 해야 할까요? 저는 예배 전후에 다 하고 있습니다. 예배 전에 내려가 일찍 오셔서 앉아 계신 분들에게 다가가 간단한 인사를 합니다. 처음 <인천중앙교회>에서 이렇게 할 때 저의 아내가 이 부분에 있어서 저의 목회철학에 대한 이해가 부족해 교인들과 먼저 인사하는 대신 예배 전 단에서 기도로 준비하는 것이 좋지 않겠느냐고 말하기도 했습니다. 그러나 대부분 교인들은 담임목사에게 찾아와 본인의 이야기를 한다는 것이 쉽지 않습니다. 담임목사실까지 찾아오기란 더욱 어려워합니다. 그래서 길지 않은 시간이지만 제가 먼저 찾아가는 것입니다. 그 때 성도님들은 급한 자기 이야기를 하시는 분도 있고, 필요에 따라 기도와 안수기도도 해 드립니다. 그렇게 성도들과 예배 전에 접촉이 있으면 예배 시간에 마음 열기가 더욱 수월합니다. 이것도 제 목회철학의 한 요소입니다.

김 목사님 너무 좋은 포인트인 것 같습니다. 생각해보면 한국교회는 '교회공간'이라는 모순이 있는 것 같아요. 아니, 한계가 있는 것 같아요. 교회는 공간을 추구하고, 그 공간은 응당 하나님을 위한 예배와 성도의 교제를 위한 곳일 텐데, 오히려 교회라는 공간에서 성도의 교제가 더 힘든 것 같아요. 목사님을 만나서 이야기 하는 것은 더 힘들죠.

제가 최근에 어떤 담임목사님의 이야기를 들었는데 그 분은 성도님들에게 "주일에는 아예 나에게 말도 걸지 마라. 나는 오직 하나님께만 집중을 하고 싶다"라고 공포를 했다고 해요. 처음에 이 말은 멋있는 말 같았지만 실제로 그 교회에 다니는 성도님들의 이야기를 들으니, 그렇기에 교회에 많은 어려움이 생긴다고 하더라고요. 또 어떤 목사님은 "토요일은 설교를 준비하는 날이니, 성도들의 그 어떤 경조사에도 참여하지 않겠다"라고 했데요. 이 모든 것이 예배를 준비하기 위한 것이니 성도들의 양해를 바란 것이죠. 그런데 목사님은 이런 '예배철학'에 대해서는 어떻게 생각하시나요?

백 — **목회철학은 목회자의 편의를 위한 철학은 아니라고 생각합니다. 목회철학을 싸움으로 정의한 이면에는 '나'와의 싸움이라는 측면도 있습니다. 사실 이 싸움이 더 힘듭니다. '예배철학'이라는 것도 목회자를 위한 철학이 되어서는 안됩니다. 성도들을 섬기기 위한 철학이 되어야 합니다.**

그래서 저는 전도사님이 말한 이야기에 동의할 수 없습니다. 목회자가 편하기 위한 철학으로밖에 보이지 않습니다. 목회자는 섬김을 위해 존재하는데, 섬김이란 그것을 받는 사람이 느껴야 진짜라고 생각합니다. 설교로써의 섬김도 귀한 것이지만, 성도의 관점에서 결혼, 장례와 같은 경조사가 있을 때 참여하는 것 또한 귀한 섬김입니다. 토요일에도 결혼과 장례에 주례나 예배 요청이 있을 경우 당연히 갑니다.

토요일과 주일을 예배와 더불어 성도들을 위해 함께 한다면 그것이 진정한 섬김의 목회가 아닐까 싶습니다.

김 목사님, 지난번에 '예배는 작품이다'라고 말씀을 하셨는데, 이 작품을 어떻게 설명할 수 있을까요? 그리고 예배시간에 이 작품을 만들기 위해서 집중하는 포인트가 있을까요?

백 예, 예배는 작품입니다. 우리는 그 작품을 잘 만들어서 하나님께 드리는 것입니다. 그래서 우리의 예배를 하나의 멋진 작품을 만들기 위해 우리가 모델로 삼아야 하는 교회가 바로 신약교회입니다. 신약교회는 하나 됨의 의미로 하나의 신앙고백을 했습니다. 그래서 제가 목회하는 교회의 예배는 동일한 신앙고백으로 시작합니다. 이 신앙고백은 '선포적인 신앙고백'을 말하는 것입니다.

내용은 이렇습니다. 첫째는 "내가 예수 그리스도의 이름으로 이곳에 하나님의 영광이 임하였음을 선포합니다." 둘째는 "내가 예수 그리스도의 이름으로 이곳에 하나님의 나라가 도래하였음을 선포합니다." 셋째는 "내가 예수 그리스도의 이름으로 말씀이 선포될 때 하나님의 역사가 이뤄질 것을 선포합니다." 이와 같은 선포는 왕의 자녀로서, 하나님의 자녀로서, 어둠의 권세 사탄, 마귀가 틈타지 못하고 오로지 하나님의 임재하심만을 구하는 기도이자, 보호막 같은 것이죠. 이처럼 예수님의 능력의 이름, 예수님의 거룩하신 이름으로 선포하며 예배를 시작할 때마다 감격이 남다릅니다.

선포 후에는 성도들이 나누는 단순한 인사가 있습니다. 바로 "사랑하고 축복합니다." 입니다. 그리고 서로를 향해 축복하며 축복송을 부르는 것입니다. 성도들 간에 예배 중에 인사하는 것은, 마태복음 산상수훈에 있는 것처럼 "너희가 하나님 앞에 제사를 드리다가 형제에게 잘못한 것이 생각나거든 형제에게 가서 용서를 구하라"를 적용해 본 것입니다. 우리가 예배 안에서 이 정도의 인사를 하지는 못하더라도, 최소한 형제들에 대해서 사랑을 표현하는 시간은 꼭 필요하다고 생각을 했기 때문입니다.

그리고 축도 전에 하는 권도가 있습니다. 이것은 권면의 말씀입니다. "이제 여러분은 편안한 마음으로 세상에 나가십시오. 선한 일에 용기를 가지시고 악을 악으로 갚지 마십시오"의 권면이 선포로 이루어집니다.

권도 후에 전통적인 축도를 합니다. 그런데 저는 축도할 때 눈을 뜨고 합니다. 축도는 기도가 아니기 때문입니다. 한국 교회는 축도할 때 눈을 감고하는 것이 오랜 습관이 되어있는데 생각해보면 축도는 목사가 하나님의 권위와 하나님의 거룩하신 이름으로 성도를 축복하는 것이지 기도가 아닙니다. 그래서 성도와 눈을 마주치면서, 축도를 하면 훨씬 교감이 많이 됩니다. 그런데 이건 제가 고안한 방식이 아닙니다. 많은 미국 목회자들이 하는 방법입니다.

김 목사님, 예배에 대해서 정말 신경을 많이 쓰시네요. 혹시 건강한 교회를 만들기 위해서 또 다르게 노력하는 것이 있을까요?

백 있습니다. 그것은 목회컨설팅 연구소를 통해 객관적인 평가를 받는 것입니다. 건강한 교회, 주님이 기뻐하시는 교회를 추구하면서, 스스로 판단하는 교회와 예배의 건강도 객관적인 평가가 필요하다는 생각이 들어서 목회컨설팅 연구소를 통해 <인천중앙교회>, <증가교회> 모두 받았습니다. 컨설팅을 한 달 동안 받았습니다. 첫 주간에 컨설팅 소장과 직원이 와서 여러 가지 설문조사를 하고 중직들도 별도로 만났습니다. 컨설팅 내용 중에는 담임목사에 대한 것도 있었는데 기억나는 것은 '목사님 인격에 진실성이 느껴지십니까?', '설교에 만족하며 은혜를 받습니까?', '설교 준비는 잘 한다고 생각하십니까?' '기도생활은 어떻게 평가하십니까?', '교인들과의 관계는 어떻습니까?', '물질에 관해서는 깨끗하십니까?' 등 담임목사의 인격과 설교, 삶 그리고 재정에 관한 것 등 그 이외에 더 많은 질문들이 있었는데 마치 저를 해부하는 느낌이 들어 요즘 젊은이들이 말하는 멘붕이 왔습니다. 처음에는 자칫 담임목사를 안 좋게 볼 수 있는 자료가 제공되는 것 같아 걱정도 되었지만 애써 내가 컨설팅을 잘

한거 라고 생각하기로 했습니다.

하지만 결과적으로 컨설팅을 받기로 한 것은 잘한 선택이었습니다. 소장과 직원들이 교인들의 설문지와 함께 당회와 여러 기관과의 만남을 통해 교회의 역사와 시스템까지 분석해 객관적인 평가를 내놓았습니다. 그 때 결과를 보면 <인천중앙교회>의 건강지수는 굉장히 낮았습니다. 전통교회이고, 시스템에 문제가 많았기 때문입니다. 제 기억에는 50점 정도 받았습니다. 그런데 담임목사에 대한 평가는 아주 높았습니다. 설교만족도 97점, 인격 98점으로 기억합니다. 이 점수는 컨설팅 소장 역시 놀랄 정도라 했습니다. 그 후로 전폭적인 교인들의 신뢰를 받으며 교회의 낡은 것과 건강하지 못한 것들에 관해서 개혁할 수 있었고, 주저 없이 진행할 수 있었습니다.

아마 대부분의 목회자들은 목회를 평가받는 것을 두려워할 것입니다. 그러나 어차피 우리는 나중에 주님의 평가를 받을 사람입니다. 그렇다면, 연습 삼아서 미리 평가를 받는 것도 필요하다고 생각합니다. 그럴 때 거품이 사라지고 목회는 더욱 담백해질 수 있기 때문입니다.

자기관리 철학

김 목사님, 자기관리 철학 부분인데요, 언제나 그렇듯 너무 단순한 질문부터 시작해보겠습니다. 목사님, 자기관리를 어떻게 하시나요?

백 목회자에게 자기관리는 절대적으로 중요하다고 생각합니다. 왜냐하면 영적인 리더이고 모든 순간에 교인들의 모범이 되어야 하기 때문입니다. 목회자가 어떤 실수나 흠이 있으면 목회가 안 됩니다. 물론 완벽할 수는 없지만, 목회자의 자기 관리가 철저하지 않으면 안 됩니다. **그래서 누군가 "자기관리를 어떻게 합니까"라고 물으면, 한 마디로 말해 '아내와 함께 합니다' 이것이 저의 대답입니다.**(웃음)

김 사모님이요? 목사님, 이것을 사모님이 목사님의 자기관리를 해준다는 의미로 받아들이면 될까요?

백 아닙니다. 내 관리는 내가 합니다.(웃음) 그런데 아내가 옆에 있다는 자체가 관리가 된다는 것입니다. 좀 더 설명을 덧붙이자면, 이 말의 의미는 '아내 없이는 꼼짝도 못 한다', '아내가 뭐든지 다 해준다'는 의미가 아닙니다.

목회자의 삶은 투명한 유리벽 안에 있는 삶과 같습니다. 따라서 목회자의 삶을 교인들이 모두 알게 됩니다. **목회자의 삶이 그런 것이라면, 긍정적이고 은혜롭게 알려지는 것이 좋겠다는 생각이 듭니다. 그렇게 되기 위해서 아내가 항상 함께 하는 것입니다. 저는 이것이 정말 중요하다고 생각합니다.**

통상적으로 어느 교회든지 교인들의 70%가 여자 성도들입니다. 그러니 목회자는 여자 성도들과의 관계가 굉장히 중요합니다. 그런데 목회자에게 문제가 되기 쉬운 3가지가 있는데, 그 중에 하나가 여자문제입니다. 보통 돈, 여자, 명예라고 말합니다. 그런데 아내가 항상 옆에 있으면 이 3가지 문제에 자유 할 뿐 아니라, 70%의 여자 성도들과 좋은 관계도 유지할 수 있습니다. 부가적으로 좋은 부부의 모습도 보여줄 수 있습니다.

아내가 항상 옆에 있기에 비서역할을 해주기도 합니다. 때때로 운전기사 역할도 해줍니다. 장거리 사역을 갈 때, 저는 쉼과 다른 준비를 하고 아내는 운전을 하는 식으로 말입니다. 그리고 필요에 따라 조언자가 되기도 합니다. 무엇보다 저의 심리가 안정화됩니다. 같은 현장에 있으니 저의 시간, 건강, 음식도 잘 관리됩니다. 저의 자기 관리는 아내의 역할이 큽니다.

김 너무 놀랍습니다. 목사님이 목회에만 집중할 수 있는 것이 온전히 사모님의 역할이었네요. 조금 어려운 질문이지만, 목사님 감정도 관리 해주시나요?

백 네 그렇습니다. 제가 목회하면서 너무 밋밋하다 싶으면 바가지 한 번씩 긁어주는 걸로 감정관리를 해 줍니다.(웃음)

김 제가 왜 감정을 여쭈어봤냐 하면요, 어떤 정신분석자가 목회자들 대상으로 심리 상담을 한 것이 있는데 이게 무릎을 탁 칠 정도로 너무 공감된 것이 있어요. 그게 뭐냐면, 목회자의 자기관리 부분에 있어서 목회자가 정말 관리가 안 되는 것이 '자기감정'이라고 하는 거예요. 왜냐면 목회자는 항상 감정을 참고 숨기는 사람이고 감정을 함부로 드러내기가 어려운 사람인데, 부부의 관계에서도 동일하다는 것이죠. 그 이유는 목회적 상황들이 공유가 되지 않으니 어렵다는 것이에요.

백 중요한 부분입니다. 그래서 저는 아내와 많은 시간을 함께 하는 편입니다. 그리고 행복한 부부의 모습을 보여주는 것이 목회자의 좋은 사역이자, 섬김이라고 생각하며 노력하고 있습니다.

2017년에 또 한번의 수술을 받았습니다. 쉬면서 몸을 회복하는 가운데 그냥 집에서 쉴 것인가 아니면, 의미 있는 쉼을 할 것인가를 고민하다 스페인에 있는 순례의 길을 걷기로 했습니다. 다 걷지는 못해도 마지막 코스 일주일만이라도 걷기로 했습니다. 그래서 하루 평균 25km정도 걸었는데, 그 시간에 각자 기도도 하며 또 하나님을 묵상 했는데 정말 좋았습니다. 그리고 서로 하나님이 각자에게 주신 마음을 나누며 진솔한 대화를 하고 아주 좋은 시간이었습니다. 그 때 우리 부부가 행복한 삶을 살고 있다는 생각이 들어 감사했습니다. 한국교회 사모들이 우울증이 많다고 하는데 제 아내는 우울증 없이 행복하게 살아가니, 이 모든 것이 첫째는 하나님의 은혜요 둘째는 남편의 사랑

이 아닐까요? 하하(웃음)

김 사모님에게도 질문을 드리고 싶은데요. 사모님은 목사님의 이야기에 대해서 어떻게 생각하시는지요?

백애자 사모 이하 백1 목사님은 목회자의 존재이유와 목적은 교회 섬김이라고 하셨는데, 저의 사명은 그런 남편이 최고의 컨디션을 유지할 수 있도록 도와주는 것이라고 생각합니다. 저의 부르심은 여기에 있다고 생각합니다. 이런 말에 젊은 후배 사모들의 생각은 다르겠지만 우리 세대만 해도 아내는 남편 중심으로 살았기에 저 역시 목사님 중심으로 사는 것에 익숙합니다. 사모는 남편 목사님이 목회를 잘 하실 수 있도록 가정에서나 교회에서나 내조를 잘 하는 것이 저의 역할이고 사명이기에 상급을 바라보고 할 수 있는 한 행복하게 감당하고 있습니다.

김 사모님, 혹시 목사님의 자기관리를 해주실 때, 집중적으로 해주시는 부분이 있나요? 또 구체적으로 어떤 역할을 해주시나요?

백1 예, 요즘에는 목사님 건강관리가 가장 우선입니다. 목회에 대해서는 제가 관리하는 것은 없습니다. 단지 하나, 가끔 목사님이 조급하시거나 감정이 앞서실 때, 옆에서 편안하게 조급하지 않

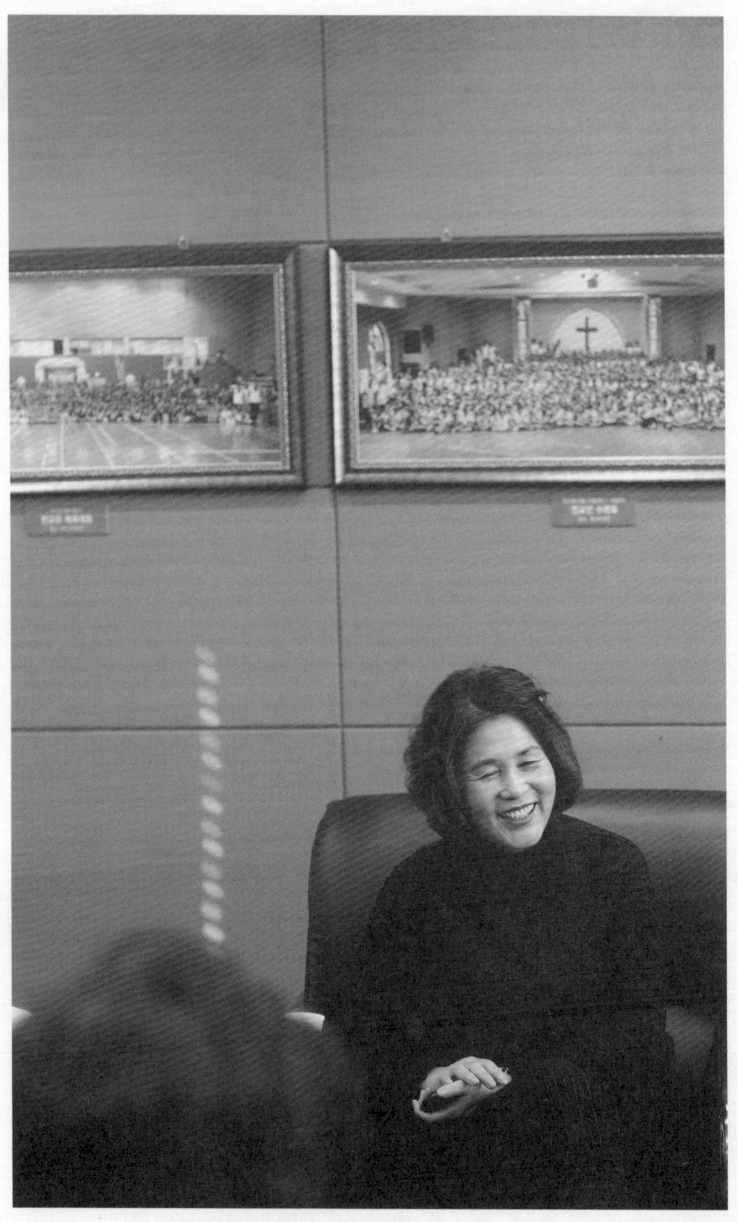

도록 도움을 드리는 정도입니다.

사실, 말을 저렇게 좋게 했지만, 남편 목사를 관리하는 것 안에는 바가지도 조금 포함되어 있답니다. 하하(웃음), <인천중앙교회>에서 목회할 때 우리 목사님과 목회에 있어서 정말 많은 부분을 함께 나누었습니다. 특히 관계에 관해서 이야기할 때, 저는 의도적으로라도 목사님이 다시 한 번 교인의 입장에서 이해할 수 있도록 돕고, 어떤 일로인해 분노하실 때도 항상 교인 입장에서 이야기 해주었습니다. 편들어주지 못해 미안하기도 했지만, 그것이 저의 역할이라고 생각했습니다. 그리고 그런 것이 <인천중앙교회>와 <증가교회>에서 목회하시는데 아내로서 조금이나마 도움이 되지 않았나 생각합니다.

김 재밌는 이야기 감사합니다. 이 부분은 귀감이 되네요. 목사님 조금 불편한 질문을 해볼게요. 혹시 사모님이 목회에 영역에서 부담이거나 불편하거나 짐처럼 느껴지거나 이런 적은 없으신가요?

백 그런 적은 없습니다. 오히려 대화를 통해 한번 더 생각하는 유익이 있었습니다. 늘 평신도 입장에서 바라본 목회자, 평신도 입장에서 고민하는 사역과 교회를 말해줌으로써 제가 균형을 잡을 수 있었습니다. 목사도 사람이기에 완벽할 수는 없습니다. 많은 것이 부족하지만 아내를 통해 채워지는 부분이 있습니다.

김 대부분 한국교회의 전통적인 시선은 목회자와 사모의 관계에 있어서 조선시대 같은 관점을 고수할 때가 있잖아요. 예를 들면, 목회자의 사모는 절대 드러나면 안 되고, 흐트러져서도 안 되죠. 방금 목사님이 이야기해주신 '사모님이 목사님의 자기관리'라는 표현은 무슨 망측한 표현처럼 여기기도 하지요. 그런데 목사님이 해주신 이야기들이 너무 공감이 되고 귀감이 됩니다.

그리고 지금 인터뷰를 하고 있는 상황에서도 목사님은 사모님이 계실 때와 안 계실 때가 너무 차이가 납니다. 지금 사모님이 옆에 있으니 안정되시고 표정도 너무 편안해지시는 것 같아요.(웃음)

목회자의 자기관리에 대해서 조금 더 질문을 해보도록 하겠습니다. 목회자의 자기관리에 있어서 보편적 사람들이 생각하는 자기관리가 있을 것이에요. 그 대표적인 것이 목회자의 '공부'의 영역이겠죠. 목사님은 어떻게 공부하시나요?

백 목회자에게 공부는 굉장히 중요합니다. 그리고 어떤 공부를 하느냐는 더욱 그렇습니다. 미국에서 12년 동안의 유학을 마치고 한국에 돌아올 때 다짐한 것이 있습니다. 그것은 '이제 공부는 더 이상 안한다.'였습니다. 왜냐하면 많은 날을 밤새우며 정말 열심히 공부했기 때문에 학문적인 공부는 더 이상 하고 싶지 않았습니다.

그런데 한국에서 목회를 하다 보니 신학 말고 또 다른 공부가 필요함을 알았습니다. 그것은 '목회공부'입니다. 하나님이 기뻐하시는 건강한 교회를 세우기 위한 목회 공부는 현재진행형으로 필요한 것 같습니다. 그때부터 목회에 필요한 좋은 세미나도 많이 참석하고, 엄선해서 강의를 듣기도 했습니다. 그리고 목회 공부를 하면서 여실히 깨달은 것이 있습니다. 그것은 목회를 실패하는 이유에 관한 것입니다.

전도사님은 목회를 왜 실패한다고 생각하십니까? 여러 가지가 있겠지만 저는 이런 생각을 해봅니다. **목회를 실패하는 이유는, 성경을 몰라서도 아니고 하나님을 몰라서도 아닙니다. 목회를 실패하는 이유는 '사람'을 몰라서입니다. 즉, '사람'에 대한 이해 부족입니다. 이것을 제가 공부하면서 중요하게 깨달았습니다. 이 말은 제가 우리 부목사들에게 종종 하는 이야기입니다.**

김 목사님 그렇다면 '사람'을 공부할 수 있는 좋은 방법은 무엇일까요?

백 한 사람에 대해 이해하기 위해서는 그 사람에 대한 관심을 가져야 합니다. 그리고 그 사람에 대해 여러 가지를 볼 수 있는 것이 곧 목회자의 실력입니다. 그 한 사람을 알기 위해서는 관심을 갖고 그 사람과 대화를 많이 해야 하는데 교인들과 많은 대화를 잘 하시는 목사님들도 계시고 의외로 힘들어하시는 목사님들이 계십니다. 그리고 저 역시 오랜 대화를 힘들어하는 편입니다. 그래서 저는 목회적인 중요한 대화를 할 때를 제외하고는 대부분 교인들과 대화할 때 제 아내를 함께 있게 합니다.

김 인간을 공부할 수 있는 다른 방법은 없을까요?

백 **인문학을 공부하는 것도 추천합니다.** 몇 년 전부터 각 대학에서 인문학 강의가 유행입니다. 저 역시 모 대학의 인문학강의를 10주 동안 아내와 함께 들었습니다. 물론 이 강의를 들으면서 인간에 대한 이해가 엄청 넓어진 것은 아닙니다. 그러나 인간이 가진 아픔과 고민, 그리고 삶의 의미들에 대해서 다시 한 번 관심을 가지게 됐습니다.

그리고 인문학 강의를 들으면서 확신하게 된 것이 있습니다. 인문학은 인간을 공부하는 학문이지만, 인간을 치유할 수는 없다는 것입니다. 인간의 근본적인 문제를 치료하는 것은 결국 성경입니다. 그런데 그렇다고 해서 성경만 읽으면 된다는 소리는 결코 아닙니다. 인간을 공부하기 위해서는 다각도로 공부해야 한다는 것을 강조하고 싶습니다. 그러나 해답은 성경에 있습니다. 칼 바르트가 이야기한대로 목회자들은 한손엔 성경, 다른 한 손엔 신문을 가져야 합니다. 오늘날 언어로 말하자면 한손에 성경, 다른 한 손엔 인문학, 유튜브, 신문 등을 가지고 있어야 한다는 것입니다. 목회자는 다각도로 준비되어 있어야 합니다.

그리고 이것이 목회자의 자기 관리이기도 합니다.

김 목사님 연이어 질문을 드리도록 하겠습니다. 목회자의 자기관리에 있어서 굉장히 예민한 영역이 있는데 '돈'과 '자동차', '여자'에 관한 부분입니다. 그렇다면 돈에 관해 목사님의 생각은 어떠하시고 이 영역에 있어서 자기 관리를 어떻게 하시는지요?

백 **목회자의 경제관이 곧 목회자의 신앙관입니다.** 그래서 물질에 투명해야 한다는 원칙이 있습니다. 많은 목회자가 돈 때문에 넘어집니다. 돈에 대한 욕심과 거짓이 문제겠지만 투명하지 않은 것도 문제가 됩니다. 또한 물질에 있어서 깨끗하지만 정리가 안 돼서 넘어지는 경우도 많이 있습니다. 그렇기에 경제적 자기 관리에 있어서 가장 중요한 것은 '개인의 것'과 '교회의 것'을 확실하게 구분 짓는 것입니다.

김 어떻게 하면 그렇게 할 수 있을까요?

백 저는 교회 재정에 터치는 안하지만 서류상 관리는 정확하게 합니다. 만약 교회에 헌금사고가 난다면 결국 담임목사 책임이기 때문에 그렇습니다. 그렇게 관리는 하지만 직접 관여는 안합니다.

가끔 성도들 중에서 제게 직접 헌금을 가지고 오시는 분들이 있습니다. <증가교회>로 예를 들면, 아프리카에 우물을 파거나 선교지에 교회 건축헌금을 할 때, 큰 헌금을 저에게 직접 가지고 오면 격려와 칭찬과 함께 반드시 기도를 해 드린 후 저는 그 앞에서 가지고 온 헌금을 세어 본인과 함께 액수를 정확하게 확인합니다. 그리고 곧바로 그 자리에서 부속실 목사님에게 전달하고 입금하도록 합니다. 입금 후에는 재정간사의 입금 확인을 받는 절차까지 투명하게 합니다.

뿐만 아니라 제 개인의 재정에 있어서도 철저하려 합니다. 예를 들면, 자동차에 개인적으로 사용한 톨게이트 비용이 있습니다. 증가교회 목사이기 때문에 사용한 것들은 교회에서 처리하도록 합니다. 그런데 사적으로 아내와 이동을 한다거나 아들이 미국에서 오면 인천공항을 간다거나 하는 사적인 것은 일일이 계산하기가 너무 어려운 겁니다. 그러나 구분은 해야 하기에 사적으로 쓴 것에 대한 특별헌금을 합니다.

김 그럼 헌금 이름은 통행료 헌금 이렇게 하나요? 하하(웃음)

백 그건 아니고 '특별헌금 : 담임목사가 사용한 기타 항목들' 이라고 적어서 합니다. 이것은 담임목사로서 쓴 것이 아니고 사적으로 쓴 것이기 때문에 구분해서 드립니다. 그리고 그렇게 해야 마음이 편합니다. 목회자는 재정에 있어서 마음에 불편함이 없어야 합니다.

백 제 아내와 부목사들에게 '돈을 벌고 싶으면 목회를 그만두고 사업을 해라'라고 이야기 합니다. 왜냐하면 목회자는 돈을 많이 벌 수 있는 사람이 아닙니다. 그런데 목사가 되어서 돈을 많이 벌고 싶다면 욕심인 것입니다. 차라리 목회를 접고 사업을 해야 합니다. **목회를 한다는 것은 경제적인 면에서는 이미 낮아진 삶을 살기로 결단한 것입니다.**

후배 목회자들에게 한 가지 더 조언을 한다면 자동차에 관한 것입니다. 우리가 BMW를 주면 못 타겠습니까? 벤츠를 주면 못 타겠습니까? 탈 수 있습니다. **그런데 목회자는 좋은 차를 안타는 것이 좋다는 신념이 있어야 한다는 것이 저의 조언입니다.** <인천중앙교회>에 부임했을 때 처음에 소나타를 탔습니다. 8년쯤 타니 자동차에 문제가 생기기 시작했고 또 교회도 부흥하여 장로님들이 "목사님 우리교회 체면도 있으니, 목사님 차를 좋은 차로 바꿔야 합니다"라며 오피러스, 체어맨, K9 중에 원하시는 것을 고르라고 하셨습니다. 저는 세 가지 모두 사양을 했고 소나타급의 다른 회사인 삼성 SM5를 타겠다고 말씀드렸습니다. 더 좋은 차를 타야한다는 장로님들과 몇 번 실랑이를 가진 뒤 결국 제가 원하는 SM5를 탔습니다. 제가 이렇게 했던 이유는 저 나름 교회의 덕을 세우기 위함이었고 제가 목회자임을 망각하지 않기 위한 저의 신념에서 였습니다. 이렇게 하는 것이 온 교회와 성도들을 생각할 때 목회자의 덕을 세우는 것이라 확신합니다. 그리고 이것이 목회자의 자기관리라고 생각합니다. 실제로 이런 것들 때문에 많은 성도님들이 은혜를 받았다는 이야기와 신뢰를 얻게 되었습니다.

<증가교회>에 부임할 때 그랜저를 준비하겠다고 했습니다. 그런데 "제가 차에 대해서는 할 말이 있습니다." 라고 말씀드렸더니 장로님들이 굉장히 긴장하셨습니다. 더 좋은 차를 요구하는 것으로 알고 말입니다. 하하(웃음). **"제가 <증가교회>에 와서 그랜저 정도는 탈수도 있습니다. 그러나 지금 형편에서는 한 단계 낮춰 이전에 소나타, SM5를 탔는데 같은 급 중에서 안 타본 K5를 타겠습니다. 이건 제가 목회자로서 차에 대한 소신이니까 그렇게 해주십시오."** 라고 했더니 그 중 어느 장로님 한 분이 눈물을 흘리시는 겁니다. 당시 교회가 굉장히 힘들고 어려웠는데 목사가 욕심 부리지 않고, 교회가 제시한 차보다 한 단계 아래로 이야기를 하니까 모두 감동을 받아서였다고 합니다. 한편의 설교를 한 것보다 더 큰 은혜가 있었나 봅니다.(웃음) 그래서 지금도 9년째 K5를 타고 있습니다.

김 목사님 더 좋은 차를 타도 나쁜 것은 아니지 않나요?

백 **나쁜 것은 아닙니다. 그렇다고 좋은 것은 더 더욱 아니라고 생각합니다.** 목회자의 정체성, 목회자의 품위, 목회자의 자기관리가 좋은 차를 타는 것으로 만들어진다는 생각으로부터 벗어나야 합니다. 목회자의 품위는 이런 것으로 결정되는 것이 아닙니다.

지금 목회하는 <증가교회> 예전 관리 집사님이 그랜저를 타셨습니다. 그런데 어떤 분이 "관리집사님이 그랜저 타는데 우리 담임목사님이 K5를 탄다"라고 속상해 하시는 겁니다. 그래서 저는 "그분(관리집사님)은 충분히 타셔도 된다"라고 했습니다. 왜냐하면 교회에서 관리집사로 힘든 일을 하는데, 그분이 그랜저를 타는 것이 그분에게 자존감이 세워지고 기분도 좋아지고 능력이 되면 타야지요. 그러나 반면, 증가교회 담임목사는 K5도 충분하다고 저는 생각합니다. 저에게는 증가교회 담임목사라는 직함이 제 명예요, 자존감입니다. 거기에 더 좋은 차를 원하는 것은 저의 욕심입니다. 혹 이로 인해 성도들의 마음에 상실감을 줄 수도 있지 않을까 하는 생각을 해 봅니다. **오히려 증가교회 담임목사는 프라이드를 타도된다고 생각합니다.** 왜냐하면 증가교회 담임목사라고 하는 직함도 있고 그 자체가 명예가 될 수도 있습니다. 그런데 고급차까지 있는 것은 욕심입니다. 오히려 이로 인해 어려운 성도들의 마음에 상실을 줄 수 있다고 생각합니다.

그리고 고급차를 사양하는 또 다른 이유는 작은 교회 목사님들 때문입니다. 그분들을 보면 나름 성실하고 똑똑하고 열심히 목회하는데, 쉽지는 않습니다. 그분들을 만날 때 제가 좋은 차를 타면 혹 저 때문에 상대적 박탈감을 느낄까 하는 염려 때문입니다. 이렇게라도 하는 것이 작은 교회를 사역하고 애쓰시는 목사님들을 위한 저의 배려입니다.

김 목사님 그럼 혹시 경제적인 부분에서 자기 관리를 할 때에 후배 목회자들에게 권면해주고 싶으신 이야기가 더 있으실까요? 또 목회자의 다른 영역에서 자기 관리로서 해주실 이야기가 있을까요?

백 저는 부목사들과 직원들하고 처음 사역을 시작 할 때 교인들과 돈 거래 그리고 이성적인 문제를 일으키지 않을 것을 부탁합니다. 그리고 저는 괜한 오해꺼리가 생길 수 있어서 연세 드신 권사님들을 제외한 모든 여자 성도들하고 악수를 하지 않습니다. 어린아이들에게는 하이파이브를 자주 해서 '하이파이브 목사님'이라는 별명을 얻었습니다.

김 담임목회자의 자기관리 중에 정말 중요한 것 중 하나가 '부교역자와의 관계'라고 생각하는데요. 이 부분은 어떻게 자기관리를 하는지 궁금합니다. 또 부목사님들에 대한 <목회철학>도 말씀해주시면 감사하겠습니다.

백 목회는 담임목회자의 개인의 능력도 중요하지만 팀웍 또한 중요하다고 생각합니다. 목회는 혼자 하는 것이 아닙니다. 목회는 언제나 함께 하는 것입니다. 그래서 중요한 것이 '대화'입니다.

어떤 대화든 부목사님들과 편하게 할 수 있어야 합니다. 그럼 대화에서 중요한 것은 무엇입니까? '경청'입니다. 담임목회자만 일방적으로 말하고, 부목회자들은 듣기만 하는 것은 경청이 아닙니다. 모든 목회자가 발언할 수 있고 자기 의견을 말할 수 있어야 합니다. 그리고 서로의 이야기를 깊게 들어야 합니다. 그것이 경청입니다. 이런 경청이 전제된 대화를 할 때 아름다운 팀웍이 만들어지는 것입니다. 그리고 부목사님들은 몇 년 지나면 모두 담임목회를 하게 되고 한국교회를 이끌어갈 분들입니다. 분명 언젠가는 성결교단과 한국 교회를 위해서 비상할 목사들입니다. 그렇기에 이들의 의견을 경청하고 대화하는 것은 당연한 것이라고 생각합니다.

더 친밀함과 대화를 통해 하나 되기 위해서, 가끔 함께 운동을 합니다. 우리 교회 전체 목회자가 가끔 한강으로 자전거를 타러가는데 가서 커피도 마시고 삶은 계란도 먹으면서 아주 재밌게 시간을 보냅니다. 목회자들의 건강도 챙길 수 있고 단합도 잘 되고 아주 좋습니다.

김 목사님 너무 좋은데, 같이 운동까지 하면, 부목사님들이 부담되지 않을까요?(웃음) 담임목사님과 자전거 타는 것이 일의 연장처럼 느껴질 수도 있을 것 같아서요.

박 아닙니다 더 타고 싶습니다. 담임목사님과 함께 하면 즐겁습니

다. 저희도 목사님을 배려 해드리고, 목사님도 저희를 배려해주시니 함께 하는 시간이 기쁠 뿐입니다. 무엇보다 운동을 하면서 목사님의 깊은 속마음도 이야기 해주시고, 저희에게 목회 노하우도 이야기 해주시니 더욱 유익합니다.

김 목사님 이제 마지막으로 두 가지 정도 질문을 드리겠습니다. 지금까지 후배들을 위해서 여러 가지 말씀 해주셨는데요. 두 가지 질문만 더 드리겠습니다. 첫 번째는 신학생에 관련한 질문입니다. 목사님, 신학생이 사역자로서 지금 준비해야할 것 영역이 있다면 어떤 것일까요? 지금 신학교에서 꼭 이것만큼은 준비되어야 한다고 생각하는 부분이 있다면 어떤 것을 말씀해 주실 수 있을 까요?

백 신학교에서 설교학을 가르치다보니 알게 된 것이 있습니다. 신학생 스스로 본인도 설교를 잘한다고 생각하는 것입니다.(웃음) 그래서 설교학은 가급적 피하고 다른 학문에 관심을 많이 가집니다. 물론 개인의 자유이기에 상관은 없지만 결국엔 사역자가 될 것이고, 사역자가 된다면 반드시 설교를 하게 됩니다. 어떤 것을 공부해도 관계없지만, 그것이 사역현장에서 설교로써 표현되지 못한다면 너무나 아쉬운 일입니다.

그래서 저는 신학생일수록 설교학을 더 많이 공부해야 한다고 생각합니다. 그것이 곧 사역의 표현력입니다. 그래서 설교학을 피하지 말라고 이야기하고 싶습니다. 설교가 하나의 형태로 굳어진 후에는 고치기가 쉽지 않습니다. 대부분의 신학생들이 가진 설교 스타일은 고향 모(母)교회 목사님의 스타일입니다. 그러나 그 모습은 반드시 뛰어넘어야 할 산입니다.

김 목사님 그렇다면 부교역자가 담임목회자로 준비되기 위해서 추천해주고 싶은 이야기는 없을까요?

백 예, 몇 가지가 있는데, 그 중에 제일 중요한 것은 가정을 소중하게 여기라고 말하고 싶습니다.

김 아.... 이건 정말 새겨들어야 할 말씀인 것 같아요. 목사님들이 보통 "나 때는 이랬다", "나는 가정 다 버렸다", "너도 가정을 희생하는 것이 당연하다" 이렇게들 말씀하시잖아요.

백 가정이 세워지지 않으면 목회가 되지 않습니다. 목회자에게 교회만큼 중요한 것은 가정입니다. **목회자는 가정의 희생을 먹고 태어난 또 다른 신생아입니다.** 목회를 하다보면 어쩔 수 없이 가정의 희생이 따라옵니다. 그러니, 부목회자라면 더욱 사모와 아이들에게 잘 하라고 이야기 하고 싶습니다. **그리고 정말 중요한 것이 있는데, 강단에서 선포되는 목회자의 유창한 설교보다 목회자 부부가 행복한 모습을 보여주는 것 또한 중요**

합니다. 목회자는 성도의 삶 깊은 부분에 본이 되어야 합니다. 삶 깊은 곳에 본이 될 수 있는 아주 좋은 교과서는 목회자의 행복한 가정의 모습입니다.

김 그리고 또 추천해주시고 싶으신 말씀 없으실까요?

백 **영성입니다. 영성은 하루아침에 만들어지는 것이 아닙니다.** 악기를 다룬다고 생각해 봅시다. 색소폰 연주를 하기 위해 수많은 연습을 해야하는 것처럼 운동도 마찬가지고, 공부도 마찬가지입니다. 인간에게 감동을 줄 수 있는 것들은 다 동일한 메커니즘을 가지고 있습니다. 하루아침에 만들어 지는 것이 아닙니다.

영성도 마찬가지입니다. 영성은 쌓이는 것입니다. 그냥 아무런 준비없이 살다가 어느 날 갑자기 영성이 생기는 것이 아닙니다. 깊고 감화 있는 영성은 묻어나는 것이고, 쌓는 것입니다. 그렇기에 목회자는 매일 훈련해야 합니다. 말하는 것, 관계하는 것, 생각하는 것 모든 영역에서 훈련되어야 합니다.

무엇보다 영성이 쌓이기 위해서는 '말씀과 기도'가 필요합니다. 그래서 부목사님들에게 새벽기도를 강조합니다. 지금은 힘들겠지만, 결국 자기를 살리는 입구가 되기 때문입니다. 성경연구도 마찬가지입니다. 설교를 위해 성경을 연구하는 것은 한계가 있습니다. 자신을 진보시키기 위해서 성경을 꾸준히 연구해야 합니다. 자신의 영성은 자신이 책임지는 것입니다.

또 강조하고 싶은 것은 '사랑의 표현' 입니다. 목회는 사람에 대한 이해라고 했는데, 교인을 섬기는데 있어 중요한 것은 사랑을 표현하는 것입니다. "종은 울리기 전에 종이 아니다. 사랑은 표현하기 전까지 사랑이 아니다"라는 말이 있습니다. 지금은 표현력이 실력인 시대이고 아름다운 인격의 시대입니다. 그래서 아내에게도 사랑을 표현하고, 자녀에게도 사랑을 표현하고, 성도에게도 사랑을 표현해야 합니다.

그래서 부교역자들에게 진심으로 강조하는 것이 있습니다. 그것은 '감사표현'입니다. 목회자들은 언제나 어디서나 먼저 "고맙습니다, 감사합니다, 잘 먹었습니다"를 말해야 합니다. 가끔 성도님들이 목사님을 사랑해서 식사를 대접합니다. 함께 동행하지 않고 봉투에 목회자들 식사비를 넣어 주기도 하시는데,

그럴 때 부교역자들을 훈련시키는 것이 있습니다. '밥 먹는 사진'을 찍어서 보내드리는 것입니다. 먼저 제가 보내고, 그 다음에 부교역자들도 섬겨주신 분에게 바로 다 보냅니다. 그러면 섬겨주신 분이 감격합니다. 별 것 아닌 것 같지만 감사의 표현을 하면 섬기는 분이 굉장히 보람을 느끼게 됩니다.

부교역자들에게 하나 더 강조하고 싶은 것은 지금의 모든 기회를 훈련의 시간으로 보내라고 말하고 싶습니다. 지금 자신을 연단해야 합니다. 아쉬운 것은, 적지 않은 부교역자들이 목회를 가볍게 여긴다는 것입니다. 그래서 책망을 받거나, 인정을 받지 못하면, 더 잘 할 생각을 하지 않고 훌쩍 떠납니다. 그리고는 자신은 다른 장점이 있다고 생각합니다. 단지 이 교회가 부교역자로서 자신에게 맞지 않는다는 생각을 합니다. 그러나 그것은 정말 큰 착각입니다. 지금 주어진 교회에서 잘 하지 못하면서, 다른 곳에서는 잘 할 것이라 생각하는 것은 오만한 마음입니다. 교회는 회사가 아닙니다. 자신을 깎아서 충성하는 것이 아니라 떠날 궁리를 하는 것은 하나님 앞에서 아름다운 모습이 아닙니다. 작은 것에 충성하는 사람이 큰 것에도 충성하게 됩니다. 부교역자들은 이 부분을 배워야 합니다.

2부

철학적 목회

수습기

김 안녕하세요, 목사님. 이번에는 이 책의 큰 두 번째 파트로 <철학적_목회>에 관한 질문을 드리도록 하겠습니다. 책의 전반부에서는 <목회적_철학>으로서 목사님이 가진 목회 철학에 대해서 이야기 할 수 있는 시간이었습니다. **이번에는 목사님이 그런 철학으로 목회하신 실제 이야기들을 들어보고자 하는데요.** <증가교회>대해서 이야기를 해주시면 좋겠습니다. <증가교회>가 지금 목사님 부임하신지 얼마나 되셨지요?

백 10년이 조금 넘었습니다.

김 10년 동안 <증가교회>의 역사를 어떻게 나눌 수 있을까요?

백 **<증가교회>의 10년을 수습기, 성장기, 안정기, 성숙기로 나눌 수 있을 것 같습니다.** 그중 가장 힘들었던 때는 첫 3년입니다. 수습기라고 말할 수 있는 이 기간에는 교회의 영적 분위기가 크게 변화되었습니다. 그리고 그 다음 4년 정도를 성장기와 안정기라고 말할 수 있는데, 이 기간에 교회가 2배 이상 성장했습니다. 물론 지금도 성장하고 있지만, 지금은 성장보다는 성숙에 목표를 두고 있습니다. 그래서 지금은 성숙기라고 말할 수 있습니다.

김 목사님 처음 질문부터 굉장히 실례되는 질문이지만, 목사님 은퇴까지는 몇 년 남으신 건가요?

백 하하(웃음) 은퇴까지 8년 남았습니다.

김 그러면 이 성숙기를 넘어, 또 다른 시대와 세대를 준비하셔야 하겠네요.

백 그렇습니다. 지금이 <증가교회>의 안정기와 성숙기니, 이 때 더욱 분발해야 합니다. 고인물이 되지 않도록 주님이 기뻐하시는 교회로 끊임없는 변화를 추구해야 합니다.

김 그럼 본격적 질문을 드리겠습니다. 이 수습기 3년 동안 목사님이 구체적으로 어떤 사역들을 하셨는지, 어떤 마음으로 사역하셨는지도 이야기 해주시면 좋겠습니다. 그리고 수습기에 교회가 굉장히 어렵고 힘들었을 텐데, 그 때 이야기도 구체적으로 해주실 수 있나요?

백 수습기 3년을 돌이켜보면 감회가 새롭습니다. <증가교회>는 새로운 담임목사 청빙 과정 가운데 굉장한 어려움을 겪었습니다. 제가 부임한 것이 2011년이었는데, 2010년-2011년에 걸친 청빙과정에서 성도님들이 상처를 많이 받았습니다. 그 중심에 담임목사 세습문제가 있었습니다. 이로 인해서 찬반이 나누어지고 크게 싸우며 충돌했습니다. 세습이 부결되고 제가 부임했을 때는 교인 500명이 떠나가고, 나머지 교인 800명이 예배를 드렸는데 정말 썰렁하고 삭막했습니다.

김 백운주 목사님은 이 어려운 상황을 어떻게 이겨내셨나요? 찬성과 반대로 나뉘었다고 말씀하셨는데, 어떻게 되었나요?

백 **그때 한 가지 원칙을 철저히 지켰습니다. 그것은 그 어느 한쪽 편도 서지 않고 중립을 지키는 것입니다. 사실 그렇게 하기란 굉장히 어려운 것이었습니다.**

김 **어떤 철학과 어떤 마음으로 그렇게 하신건가요?**

백 내가 조금 편하려면 어느 한 쪽 손을 들어주면 되겠지만 **목회에서 중요한 것은 나의 편안함이 아닙니다. 정말 중요한 것은 찬성파나, 반대파나 하나님이 제게 맡겨주신 양들이라는 것입니다. 그러니 그 어느 편도 들수가 없었습니다.** 저는 모두의 목사입니다. 그러니 모두를 품어야 합니다. 저의 품이 작으면, 나를 찢어서라도 다 안아 주었어야 했습니다. 그것이 상처 가운데 있는 교인들을 향한 하나님의 마음이라고 생각했습니다.

김 그래도 목사님 새로 부임하시는 입장에서는, 세습 찬성파 보다는 반대파의 손을 들어주는 것이 목사님의 목회 효율에 있어 더 좋은 것 아닌가요? 그렇게 자신의 편을 확고하게 하는 것이 더 좋은 것 아닌가요?

백 **효율만 생각한다면 그럴 수 있겠습니다. 그러나 주님은 어떠셨습니까?** 예수님은 12제자가 각각 출신과 성향, 생각과 기질이 완전히 다른 것을 알았지만 그들을 색깔별로 가르지 않았습니다. 하나로 품으셨습니다. 효율을 따지는 것이 이익처럼 보이지만, 하나님의 시선에서는 결코 그렇지 않습니다.

그 당시에도 '증가교회는 하나님의 교회다', '지금 이 상황에서도 주님이 기뻐하시는 교회가 되어야 한다', '그러면 어떻게 해야 하는 걸까' 이것만 집중적으로 생각했습니다. 그 때 하나님이 제게 주신 마음은, 진짜 목사의 참된 모습을 보여주는 것이었습니다. 그래서 그들을 모두 품기로 작정했습니다.

만약, 나의 기반을 다지기 위해서 한쪽 편을 들어주었다면 그것은 목회가 아니라 세상 정치에 불과합니다. 세상 정치가 지역으로 나누고 파벌 만들어서 국민들에게 아픔을 가중시켰잖습니까? 그런 세상의 방법으로는 교회를 교회답게 세울 수 없습니다.

김 실제로 부목사님들이 옆에서 보셨을 때, 목사님이 치우침이 없이 모두를 품으셨나요?

김이원 부목사 이하 김1 놀라울 정도로 중립적이며 모두를 품었다고 생각해요. 목사님도 사람이니까 화도 나고 답답하실 텐데, 그것을 다 감당해 내셨습니다.

근데 문제는 그렇게 혼자 스트레스를 다 감당하니, 몸에 심각한 탈이 나셨습니다. 목사님이 <증가교회> 오셔서 큰 수술을 4번 하셨습니다. 그래서 성도님들이 많이 미안해하시고 안타까워 하셨습니다.

김 목사님의 하나 됨이라는 목회철학, 모두의 목사라는 목회철학이 너무 멋집니다. 목사님은 결국 그것을 통해서 무엇을 보여주고 싶으셨나요?

백 **'교회는 절대로 싸우면 안 된다'**입니다.

김 아니, 목사님 목회철학을 <싸움>으로 말씀하셨는데, 이번에는 "교회는 싸우면 안 된다"라고 하시니, 거룩한 역설이네요.

백 목회자는 하나님이 기뻐하시는 것을 위해서는 싸워야 하지만, 성도들은 서로 싸우면 안 됩니다. 교회가 싸움장으로 전락하는 순간, 교회가 아닙니다. 서로가 밉고, 저주하는 마음이 들어도 교회로 오면 하나가 되어야 합니다. 교회가 싸워서 갈라지는 것은 안 되는 일입니다.

김 그런데 목사님 중요한 질문을 드리고 싶은데요. 목사님은 이런 <증가교회>에 왜 오신 거죠? 제가 알기로는 <인천중앙교회>에 있을 때 정말 탁월하게 목회를 하셨다고 들었습니다. 그런데 목사님도 이곳에 오면 고생길이(?) 훤한 것을 아셨잖아요.

백 그랬죠. 그래서 오기 싫었습니다(웃음). 그런데 <증가교회> 청빙위원회 장로님들이 <인천중앙교회> 주일예배에 세 번을 다녀가신 후 구체적인 청빙이 있었습니다.

당시 치리목사님을 만나 얘기를 들으니 여덟 명 정도의 후보 중 제가 1순위인데 앞으로 주변이 재개발되어 크게 부흥할 수 있으니 백목사가 와서 어려운 교회를 잘 수습하라고 하더라고요. 그래도 저는 인천중앙교회를 떠나고 싶은 마음이 없고 여전히 증가교회에 관심이 없어 교회 주변을 와보지도 않았습니다.

김 그럼 부임하시기 전에 이 동네조차 와보지 않으신 거예요?

백 그렇습니다, 올 마음이 없었으니 와볼 이유도 없었습니다. 그리고 행여나 주변의 재개발로 인한 외적인 상황을 보고 결정을 한다면, 그것만큼 하나님 앞에 부끄러운 일이 없다고 생각해서 아예 안 봤습니다.

김 목사님 그럼 <증가교회>부임 후, 이 교회를 회복하는 과정에서 처음에 어떤 집중력을 가지고 교회를 회복하셨나요?

백 부임하고 보니 생각한 것보다 더 심각했습니다. 그래서 너무 힘들었습니다. 교회는 거의 반토막 나고, 성도들은 목회자와 상대편에 대한 미움과 불신으로 가득했습니다. 그래서 일단 '심방부터 해야겠다'라고 생각했습니다.

그런데 심방을 하니, 더욱 심각해졌습니다. 가정심방을 가면 본인 가정 이야기 보다는 상대편에 대한 원망과 미움 가득한 말들만 하고 그리고 또 다른 심방을 가면 똑같이 상대편에 대한 모든 탓을 돌리며 원망하는 상황이었습니다.

그래서 두 가지에 집중했습니다. **한 가지는 예배의 회복, 다른 한 가지는 말씀의 회복입니다.**

김 예배 회복이라고 하시면 구체적으로 어떤 것 인가요?

백 당시 예배는 냉랭했습니다. 아마 성도들이 경직되었으니 더욱 그랬을 겁니다. 그런데 이들을 만져주실 분은 하나님이라는 확신이 있었습니다. 그래서 예배에 집중했습니다. 예배에서 은혜받고, 하나님의 임재를 경험하면 갈라진 성도 모두가 하나로 회복될 수 있다고 생각했습니다.

그래서 일단 예배 구조부터 바꾸기 시작했습니다. <증가교회>예배는 전통적인 예배의 형식이었습니다. 좀 더 성도들이 함께 참여할 수 있도록 하나로 이어 지는 구조로 바꾸었습니다. 예배의 시작과 마지막까지 끊기지 않고 하나의 흐름으로 이어지는 예배로 말입니다. 그리고 예배에 성도들이 더 마음을 열수 있도록 좀 더 많은 찬양과 말씀과 기도에 집중했습니다.

김 목사님, "끊기는 예배"와 "하나로 이어지는 예배"를 말씀 하셨는데 끊기는 예배는 어떤 예배인 거죠?

백 우리에게 예배를 알려주신 분들은 선교사들입니다. 그런데 선교사들이 우리에게 전해준 예배가 100년이 넘었고 그것이 우리에게 전통이 되었습니다. 물론, 나쁘다는 의미는 아닙니다. 그러나 그 전통적 구조를 지키기에는 시대와 사람이 많이 변했습니다. 그리고 선교사들이 전해준 예배의 형태를 고수해야하느냐 생각해보면 그건 아닙니다. 재미있는 것은, 미국에서 유학하며 보니까 예배를 전해준 미국교회들은 우리에게 전해준 방식으로 예배를 하지 않는다는 것입니다. 그들은 훨씬 유연하고, 다양한 형태로 예배를 발전시켜 왔습니다.

김 오히려 우리가 어떤 플랫폼에 갇혀 있는 거네요.

백 그렇습니다. 우리 예배도 유연해야 되고 발전적으로 연구해야 합니다. 선교사가 전해준 형태로만 예배를 드리는 것이 아니라,

우리의 형편에 맞게 예배의 형태를 다양하게 할 수 있다면 더 좋지 않겠습니까? 그리고 그걸 '열린 예배'나 '구도자 예배'로 구분하지 말고 모든 예배가 유연하게 변해야 한다고 생각합니다.

그래서 저의 목회에 있어서 예배의 흐름을 중요하게 생각합니다. 그래서 예전에 목회했던 <인천중앙교회>에서부터 지금 목회하는 <증가교회>예배는 선포로 시작하고 사회자가 없습니다. 처음부터 끝까지 자연스러운 순서로 이어 집니다. 찬양할 때 성도들이 마음을 열고 참여할 수 있도록 찬양의 스타일도 바꾸었습니다. 성도들이 자리에서 일어나 15분 동안 열정적으로 찬양을 합니다. 그리고 자연스럽게 설교를 듣습니다. 설교 역시 Narrative Preaching입니다. 사회자가 없는 이유는 자발적으로 성도들이 마음의 문을 열수 있도록 하게 하기 위해서입니다.

김 목사님 선포로 시작하는 예배와 찬양 부분을 조금 더 설명해 주실 수 있을까요?

백 예배의 선포는 귀중합니다. 선포의 내용이 예배 공간을 규정합니다. 선포는 예수 그리스도의 이름으로 합니다.

선포로 예배를 시작하는 이유는 우리가 믿는 신앙과 개신교의 교리를 정확하게 하자는 것입니다. 선포 후에는 찬양이 시작

됩니다. 저는 미국의 흑인교회예배에서 많은 영감을 받았습니다. 흑인교회예배는 나와서 춤추고 예배 중 소리를 내어 설교자에게 반응합니다. 우리는 정서상 그게 잘 안되지만, 성경의 다윗도 그렇게 예배했습니다. 다윗이 언약궤가 다윗성에 들어올 때에 하나님 앞에 춤추고 소리를 질렀습니다. 그래서 <증가교회> 예배도 거의 15분 동안 모든 성도들이 열정적으로 박수도 치며, 소리를 높여 찬양합니다. 최근엔 코로나의 여파로 그러지 못하고 있어 너무 아쉽습니다.

김 기존 예배에 대비해서 설교는 어떻게 바뀌었는지 설명해 주시겠습니까?

백 설교는 Narrative Preaching을 합니다. Narrative라고 하는 것은 한 편의 작품입니다. 드라마, 영화, 연극처럼 한 편의 작품을 만들어서 말씀을 전합니다. 그것이 어떤 것인지는 앞에서 충분히 설명했던 것 같습니다.

김1 그런데 처음에는 목사님이 Narrative Preaching설교를 하실 때, 성도님들의 불만이 조금 있었던 것 같습니다. 아무래도 원로목사님의 설교방식에 익숙한 성도들이 대부분이기 때문일 것입니다. 성도님들은 대지 설교에 익숙해 있었습니다. 그래서 설교방식을 가지고 목사님을 공격하는 성도들도 있었습니다.

그러나 목사님 설교는 그런 것이 아닙니다. Narrative Preaching이기 때문에 끝까지 들어야 결론이 나는 설교입니다. 그래서 긴장감이 있고 재미있습니다. 역시 시간이 지나니 성도님들이 금방 익숙해지셨습니다. 그렇게 1,2년이 지나면서는 "목사님 설교가 너무 쉽고 은혜스럽다."는 피드백이 많이 나왔습니다. 무엇보다 새가족들 반응이 확실히 다릅니다. 너무 좋아하십니다.

어떤 분들이 보기에는 설교 형태가 연역에서 귀납으로 바뀐 것뿐 아니냐고 할 수 있겠지만, 사실 그게 굉장한 변화입니다. 무엇보다 <증가교회>에서는 말입니다.

김 목사님 성숙기에 예배와 설교 말고 또 다른 영역에서 교회의 체질을 변화시켰던 부분은 없을까요?

백 **또 하나, 중요한 변화가 있습니다. 바로 '전교인 성경공부'입니다.** 좀 전에 심방 이야기를 했습니다. 심방을 하는 것이 의미가 없다고 판단한 후 생각했던 것이 예배의 변화였고, 그것만으로는 부족해서 전교인 성경공부를 실행했습니다.

전교인 성경공부는 <인천중앙교회> 부임 초기에도 했었던 것입니다. 그 교회도 엄청나게 싸웠던 교회였지만 교인들의 그 모든 상처와 아픔을 만져줄 수 있는 것은 오직 하나님 말씀이라는 것을 그 때 변화되는 것을 보며 알게 되었습니다. 이번에도 동일하다고 생각했습니다. <증가교회>의 찬성파, 반대파 성도들 역시 하나님의 음성을 들어야 했습니다. 그래서 성경공부를 시행하려고 했는데, 처음에는 함께 했었던 부교역자들이 다 반대했습니다.

김 그 이유는 무엇인가요?

백 지금 분위기에 성경공부가 되겠냐는 것이었습니다. 그렇게 생각하는 것이 어쩌면 당연했습니다. 성도들은 계속 싸우고 이렇게 냉랭한 예배 분위기에 성경공부가 제대로 되겠냐는 겁니다. 당회에서 장로님들 역시 마찬가지 반응이었습니다. 그러나 저는 기도하면서 확신이 있었고 전교인 성경공부는 꼭 필요하다고 생각되어 시작했습니다.

김 그런데 목사님, 일반 성경공부도 아니고 전교인 성경공부면, 시간이 필요했을 텐데요. 전교인이 모일 수 있는 시간을 만드는 것이 어떻게 가능하셨어요? 또 어떤 방법으로 하셨나요?

백 강사는 제가 다 담당했고요 화요일부터 토요일까지 매일 총 7개 반을 만들었습니다. 직장인들을 위해 토요일 새벽반, 주중 새벽반, 오후 반, 저녁 반 등을 만들어 성도들 개인의 스케줄에 맞춰 참여할 수 있도록 했습니다.

그러나 반대의견처럼, 성도들이 참여하지 않으면 어떻게 해야 하나 하는 걱정도 했습니다. 그런데 600명 정도 성경공부에 참석했습니다. 당시 출석교인이 800명인데, 600명이 참여 했으니 상당히 성공한 셈입니다. 그런데 분위기는 생각처럼 좋지 않았습니다.

김 교회가 뭔가 시작되는 느낌이 들고, 거기에 600명이 성경공부에 참여 했으니 분위기는 당연히 좋지 않았을까요?

백 시작하여 몇 주는 아주 썰렁했습니다(웃음). 마치 이런 느낌입니다. 팔짱을 끼고 앉아서, "목사님 한 번 해보세요. 무슨 말 하나 한번 들어나 봅시다." 이런 느낌이 꽤 많았습니다. 목사가 눈치가 아주 빠르지 않습니까? 어느 분들은 순수한 마음으로 오기도 했는데, 대부분 팔짱끼고 다리 꼬고 앉아서 방관하는 분위기였습니다.

김 주제는 어떤 걸로 성경공부를 하셨나요?

백 주제는 '신앙의 본질로 돌아가자'입니다. 총 10주 과정이었는데, **첫 5주는 신앙의 본질, 나머지 5주는 교회의 본질을 주제로 했죠. 강의안은 제가 만들어서 진행했습니다.**

첫 5주 동안은 가장 기본적인 구원의 확신과 신앙의 교리에 대해서 가르쳤습니다. 그래서 싸우고 있는 모습을 스스로 반성하게 하고 싶었습니다. 그리고 두 번째 5주 동안은 교회론을 가르쳤습니다. 교회의 주인은 누구며, 교회는 어떤 곳인지를 알려주었고 증가교회가 나아가야할 방향에 대해서 나누었습니다.

김 성도님들 반응은 어떠했나요?

백 썰렁했던 첫 주를 지나 두 번째 주가 되면서, 성도님들의 눈빛이 달라졌습니다. 차가운 눈빛이 조금 부드러워졌다고 생각했습니다. 그리고 셋째, 넷째주가 지나면서 반응들이 오기 시작했습니다. 그래서 '이제 됐다'는 생각이 들어 9주차 수업까지는 7

개 반으로 하다가 마지막 10주차에는 주일 오후 시간에 본당에 모여 연합으로 했습니다. 그런데 성경공부에 참여한 성도들이 깜짝 이벤트를 준비했는데 한 마디로 축제의 시간이었습니다. 대표로 몇 분의 은혜 받은 간증도 있었고 케익도 자르고 담임목사를 위한 깜짝선물도 있었습니다. 담임목사 얼굴을 케리커쳐한 현수막과 그림을 준비해 주셨습니다. 이 모든 것이 성경공부를 통해 마음이 따뜻해진 결과였습니다.

김 첫 주에 팔짱끼고 성경공부에 참여했던 성도님들의 변화의 열매라고도 볼 수 있는 것 아닐까요?

백 맞습니다. 하나님 앞에서 죄송하기도 했지만, 교인들의 마음이 회복된 것 같아 감사하다는 마음도 들었습니다.

김 전교인 성경공부 후로 교회 분위기가 많이 달라졌나요?

백 아닙니다. 그 뒤로도 계속 싸웠습니다.(웃음) 그런데 여전히 서로에 대한 원망과 미움은 있지만 분위기는 살짝 따뜻해지는 느낌이었습니다. 여전히 냉랭한 분위기지만, 아주 조금씩 희망이 보였고 역시, 하나님의 말씀이 역사하면 된다는 확신을 다시 한 번 가지게 되었습니다. 그래서 그 후로 다른 성경공부를 마련했습니다. 바로 '신앙 베이직'이었습니다. 이번에는 부목사들을 강사로 세웠습니다. 부목사들의 은사와 전공분야를 살려 주제를 선정해 준비해서 가르치도록 했습니다. 이번에는 그들이 앞장서서 성도들을 섬긴다면 교회가 더 회복될 것이라는 생각이 들었습니다.

김 '신앙베이직'의 주제는 어떤 것이었나요?

백 신앙베이직은 신앙생활의 기초 주제를 강의하는 것이었습니다. 그런데 우리 교역자가 일방적으로 주제를 만들지 않았고 우리 성도들에게 무엇이 필요한지 연구하고 10가지 주제를 선정했습니다. 그리고 10주 동안 부목사들이 강의를 진행했습니다.

대학으로 말하면 1학기 분량입니다. 1학기 분량을 한 주제로 강의한다면 상당히 양질의 강의가 나옵니다. 또 우리 부목사들이 열심히 준비했고 그것을 꾸준히 진행하면서 교인들에게도 이득이 되었지만 부목사들에게도 큰 유익이 되었으리라 생각합니다.

김1 신앙베이직이 교육의 기능도 있지만, 한편으로는 성도님들이 목사님의 목회철학을 알 수 있는 시간이기도 했습니다. 사실 목사님이 <증가교회>에 부임하시고 목사님이 어떤 분인지, 어떤 철학을 가지신 분인지를 성도들이 알 수 있는 기회가 적었습니다. 주일 설교 한번으로는 빈약할 수밖에 없습니다.

제자대학
졸업예배

그런데 목사님의 전교인 성경공부 후, 신앙베이직을 시행함으로 성도님들이 목사님을 더욱 알 수 있는 시간이 되었습니다. 또 담임목사님이 부목사들에게도 기회를 주시니, 성도들이 목회 팀 전체를 새롭게 보게 되는 계기였습니다. 목회자들을 더욱 신뢰하는 기회도 됐던 것 같습니다.

김 그럼 교회가 말씀 중심으로, 예배 중심으로, 서서히 체질이 개선이 되었겠네요. 그러면 신앙베이직 이후로 다른 스텝은 없었나요?

백 그 후에는 다음 단계로 교육 훈련 시스템을 만들어야겠다는 생각에 담임목사가 운영하는 모임을 한 가지 더 오픈했습니다. 그것이 바로 '제자대학'인데요, 제자대학은 담임목사와 함께 세 학기, 1년 반 동안 12주씩, 12명만 뽑습니다. 담임목사의 목회철학을 함께 공유하고 그리스도의 제자로 훈련하기 위해 12명만 뽑아서 기수별로 시작했습니다. 1기는 장로님들부터 예외 없이 참여해야 했습니다. 책도 읽고 암송도 해야 하니 체력 때문에 너무 힘들었을 겁니다.

김 지금은 제자대학이 몇 기까지 이수를 했나요?

백 지금 8기까지 졸업했습니다. 지금 9기를 진행하고, 10기를 모집

하는 상황입니다. 100명 정도가 이수했습니다.

제자대학은 신앙베이직을 3과목 이상 마친 성도들만 지원 가능합니다. 그리고 1년 반을 해야 하다 보니 부담을 갖고 들어오는 만큼 결단 있는 사람들이 참여하게 됩니다. 그리고 임직의 측면에서는 제자대학을 마쳐야 피택장로 후보가 되는 자격이 주어집니다.

김 정말 탁월한 시스템이라는 생각이 드네요. 목사님 첫 3년 수습기에, 교회의 체질을 변화시키는 것에 집중을 하셨다는 생각이 듭니다. 목사님 그럼 수습기를 정리하고, 성장기로 나아가는 구분은 어떻게 하시나요? 수습기를 종지부 지을 수 있는 어떤 사건이 있으신가요?

백 수습기에서 성장기로 넘어가는 순간이 언제냐 물어본다면, **저는 2014년 6월 29일 주일이라고 정확하게 말할 수 있습니다.** 제가 <증가교회>에 부임한 것이 2011년 6월 마지막 주입니다. 그래서 2014년 6월 29일은 정확하게 만 3년이 됩니다. **이때를 잊을 수가 없는데, 이 날이 '참회의 주일'이었습니다.**

김 '참회의 주일'이요? 조금 특이한데요. 이게 뭔가요? 무슨 배경이 있는 것이죠?

백 우리는 분열의 아픔이 있는 교회입니다. 서로 상처를 주고 받고 싸우면서 성도들이 약 500명이나 떠났는데 이것은 당회만의 책임이 아닌 우리 모두의 책임입니다. 그러나 장로님들이 교회의 리더이자 대표로서 책임이 있는 것은 분명합니다. 그래서 장로님들에게 책임감 있는 모습을 요구했고 그래서 결정한 것이 3개월 근신 기간을 갖는 것이었습니다. 하나님 앞에서와 사람 앞에서 잘못 한 일이기에 그냥 마무리하기보다 싸움에 마침표를 찍기 위해 당회의 책임 있는 모습이 필요했습니다. 그래서 모든 장로님들이 토요일마다 격주로 수양관에서 기도회를 가졌습니다. 기도회를 통해 당회가 하나 되는데 주력했고 또한 모든 예배의 순서들과 사역에서 제외하는 대신 식당 봉사, 주차관리, 쓰레기 정리 등 섬기는 사역으로 봉사하셨습니다.

김 3개월이나 하셨어요? 혹시 장로님들 중에 반발은 없었나요?

백 토요 기도회를 통해 장로님들이 "우리가 잘못했습니다" 라고 공감하는 분위기였습니다. 이것이 하나님의 은혜입니다. 그리고 반성의 의미로 시무장로님들이 사표까지 쓰고 장로의 직분도 내려놓자는 분위기도 있었습니다. 그리고 자신들이 잘못했다는 것에 대해서 반성문까지 쓰셨습니다. 그래서 우리끼리 반성하고 끝내는 것이 아니라 교인들 앞에서 참회의 주일을 지켜야 겠다는 생각이 들었습니다. 그래서 참회의 주일을 지키게 되었습니다. 그리고 그 때 우리 하나님이 역사하셨습니다. 정말 큰 은혜를 주셨습니다.

김 장로님들이 정말 철저하게 낮아지셨다는 생각이 드네요. 보통은 이런 것을 하나의 쑈(?)로 볼 수 있지만, <증가교회>장로님들은 정말 마음을 다해서 회개하는 모습들을 볼 수 있었습니다. 근신, 기도회, 사표, 반성문 등 정말 많은 귀감이 됩니다. 그럼 혹시 반성문 같은 경우에는 교회에 공표가 되었나요?

백 그렇습니다. 참회의 주일을 지킬 때 찬성파, 반대파로 나뉘었던 장로님들 중에서 한명씩 대표기도를 하였고, 각각 대표성을 띄는 분들이 참회의 반성문을 주일 예배 1, 2, 3부 예배 시간에 낭독했습니다.

1, 2, 3부 예배 때 시무장로님들이 모두 앞으로 나와 모든 성도들에게 "우리가 잘못했습니다"라고 고백하며 정중히 인사를 하고 상징적 의미로 서로 반대했던 장로님들을 안아주었습니다. 그때 많은 장로님들이 울었고 성도들은 감사의 박수를 치며 우리는 함께 모두 울었습니다. 아무리 생각해도 이것 또한 전적인 하나님의 은혜입니다. 이 내용은 성결신문과 국민일보에도 기사화 되었습니다.

김 그런데 목사님, 이 좋은 것을 3년 지난 후 선포를 하시고 실행하신 거죠?

백 **제가 처음부터 계획한 것은 아닙니다.** 하나님이 3년 뒤를 계획하셨다는 생각이 듭니다. 저는 3년 동안 '하나님이 기뻐하시는 교회'를 위해서 걸어갔을 뿐이고, 기도했을 뿐입니다. 그런데 전교인 성경공부, 예배의 변화, 신앙 베이직 등을 통한 말씀 중심의 목회를 거치면서 자연스럽게 하나님께서 역사하셨습니다.

목회를 해오면서 깨달은 것이 있습니다. '교회는 전적으로 하나님의 것이다'라는 점입니다. 하나님 앞에 지혜를 구하고, 하나님께 물으면, 결국 하나님이 앞서 가십니다. 이것은 정말

증가교회 '아름다운 화해' 감동

장로 전원 시무사임 '백의종군' … 식당·주차 봉사로 근신
6월 29일 죄 고백 등 참회예배
눈물로 서로 용서 화해 일궈

[967호] 2014년 07월 16일 (수) 16:33:16 황승영 기자 windvoic@hanmail.net

4년째 갈등을 빚어온 증가교회는 6월 29일 참회예배를 드리고 지난 날 갈등을 참회하고 새로운 화합을 다졌다.

뼛속까지 새겨진 저의 고백입니다. 만약 제가 인위적으로 '참회의 주일'을 만들었다면 이렇게까지 감동적이지는 않았을 거라는 고백입니다.

이렇게 고백할 수 있는 건 은혜의 체험이 있어서이기도 합니다. 당시 교인들에게 '참회의 주일'을 선포한 날짜가 2014년 6월 29일, 6월의 마지막 주일입니다. 그런데 사실, '참회의 주일'은 <증가교회>에서만 한 것이 아니라, 그 전에 있었던 <인천중앙교회>에서도 시행했었습니다. <인천중앙교회>도 싸우고 갈등하고 너무 힘들었던 교회입니다. 그 교회도 회복하면서 '참회의 주일'을 지켰는데, 그 때 내가 무슨 설교를 했는지, 그때 심정은 어떠했는지 궁금해서 <인천중앙교회>에서 '참회의 주일'을 보낸 설교원고를 찾아보았습니다. 설교문 상단에 써놓은 날짜를 보니 <증가교회>와 참회의 날짜가 동일하게 6월 29일이었습니다. 그 날도 우리 하나님은 동일한 날짜에 일하고 계셨던 것입니다.

김 와 이거는 진짜 소름 돋는 얘기네요.

백 이것을 우연으로 볼 수도 있지만, 저는 하나님의 오묘한 섭리로 봅니다. 그래서 확신했습니다. 이것은 하나님이 기뻐하시는 일이구나. <인천중앙교회>도 참회의 주일 이후에 부흥을 경험했는데 <증가교회> 역시 '참회의 주일' 이후로 부흥하기 시작했습니다.

김 안 그래도 목사님께 여쭈어 보려고 했던 부분이 있는데요, 초기 3년 동안 '초청 잔치'나 '전도축제' 같은 것들은 없었나요?

백 하하(웃음) 그런 건 할 수가 없었습니다. 우리 내부적으로 어려웠기 때문이지요. 싸우고 갈등하고 심지어 당회를 하면 밤 11시까지 할 때도 있었는데, 그런 상태에서 '새 가족 초청 잔치'같은 것은 꿈같은 얘기였습니다.

김 이게 조금 신기하네요. 성결교단에서 <증가교회>는 건강한 성장을 이룬 교회로 다 알고 있는데, 그 흔한 전도 초청 잔치 없이 성장을 했다는 것이죠.

백 교회 성장은 확실히 영적인 영역인 것 같습니다. 프로그램으로만 되는 것은 아닙니다. 교회에 있는 어두움을 물리치고 하나님이 고치시니, 그 후로 하나님이 자연스럽게 성장을 주셨습니다.

성장기

김 목사님 <증가교회>의 성장기를 몇 년 정도로 이야기 할 수 있을까요?

백 <증가교회>는 지금도 계속 성장하고 있습니다. 그러나 급속도로 성장한 기간은 3-4년 정도 된다고 할 수 있겠습니다.

김 목사님 성도를 숫자로 이야기하는 것이 민망하지만, 3-4년 정도사이에 교인이 몇 명 정도 증가했나요?

백 **700명 정도입니다.** 제가 처음 부임했을 때가 교인이 800명이었는데, 지금은 장년 성도가 1,500명입니다. 그런데 생각해 보니, 처음 교인 800명중 이사도 가시고, 소천하시고 이런 분들도 계시니까... 700명보다 더 성장했네요. 여기에 다음세대 교회학교와 청년부도 출석인원이 400명 정도 되니까 증가교회 성도는 출석인원만 2,000명 정도 되지 않을까 합니다.

그런데 이렇게 성장하게 된 주된 요인은 지역 사회의 변화를 언급하지 않을 수 없는데 대단위의 아파트 단지가 들어서면서 좋은 환경이 되었습니다.

김 4년 동안 엄청나게 성장을 했네요. 사실, 이것은 정말 놀라운 수치인데요. 성결교단에 이런 교회가 있다는 것이 자랑스럽습니다. 그렇다면 목사님, 성장기에 있어서 가장 중요한 <목회철학>은 어떤 것이 있었을까요?

백 **성장기에는 '변화와 섬김 그리고 동역'이라는 핵심 가치가 있었습니다. 이것에 집중했습니다.**

김 목사님, 방금 이야기하신 '변화'란 어떤 것인가요?

백 변화란, 시스템의 변화입니다. <증가교회>는 일반적인 교회 시스템이었는데, 성장기에는 국과 팀으로 대변되는 역동적인 시스템으로 변화를 주었습니다.

김 국과 팀이란 무엇인가요?

백 쉬운 말로 팀 사역이라고 말할 수 있습니다. 그러나 고정적 팀 사역이 아니라, 순환적 구조의 팀 사역입니다. 전통적인 교회의 시스템은 획일적 구조입니다. 보통 장로님들이 주가 되어 움직입니다.

그러나 국과 팀은 평신도 사역으로써, 평신도에게 가급적 많은 것들을 맡기고 책임과 권한을 주는 것입니다. 국장은 장로님들이 맡고, 팀장들을 따로 세워서 그들이 중심이 되어 봉사할 수 있도록 만든 것입니다. 이것이 우리 교회를 성장케 하고, 활성화시킨 변화의 핵심이라고 생각합니다.

김 이 시스템의 변화가 기존에 있던 장로님들의 생각과 마찰이 있었을 것 같은데 그런 것들은 없으셨나요?

백 물론 있었습니다. 그러나 장로님들이 저를 지지해 주셨습니다. 그렇기에 특별한 문제는 없었습니다.

<증가교회>는 국과 팀으로 체질이 변했습니다. 평신도들이 사역의 중심에 서니 교회가 젊어졌습니다. 14개 국, 100여개 팀으로 구성되어 있고 여기에 팀원들까지 더하면 꽤 큰 조직이기에 교회가 활력이 있어졌습니다.

김 기존교회의 남전도회, 여전도회의 시스템에는 한계가 있는 걸까요?

백 한계점은 국과 팀에도 있습니다.(웃음) 남·여전도회는 익숙한 시스템이라는 장점이 있지만 거기에는 새로움이 없다고 생각합니다. 남·여전도회 구성은 몇 사람의 헌신자만 있으면 가능합니다. 하지만 새로운 사람이 활동하기는 어렵고 그렇기에 순환이 어렵습니다. 그러면 교회는 정체가 됩니다.

남·여전도회 이름 그대로 전도에 포커스를 맞춰 사역하면 좋지만, 대부분 유명무실합니다. 요즘 젊은 세대들은 남여전도회가 익숙하지 않습니다. 저는 이것을 변화시키자 해서 국과 팀을 만들었습니다. 물론 여전히 남·여전도회는 있습니다. 그러나

또래 그룹의 교제 정도로만 유지하고 어떤 사역을 하는 것은 아닙니다.

김 목사님 국가 팀이라는 것이 굉장히 신선한 개념입니다. 그런데 이것을 어떻게 발견하게 되셨는지요? 그리고 사역에 있어서 목회자에게 큰 매력이 어떤 것인지 말씀해주세요. 또 혹시 평신도들의 영역이 커지면서 목사님과 직접적 마찰은 없으신 건가요?

백 그런 것은 느껴보지 못했습니다. **그 이유는 담임목사의 말을 듣게 하는 것에 국과 팀의 목적이 있지 않기 때문입니다.**

국과 팀으로 인해 기존에 사역하는 분들이 조금 긴장하는 것도 있지만, 그보다는 더 많은 장점이 있습니다. 보통은 교회에 새로운 사람들이 오면 적응하기가 어렵습니다. 그러나 국과 팀 시스템 안에서는 새로 오신 분들이 교회에 수월하게 정착할 수 있게 됩니다. 새로 온 사람들이 역할을 맡기가 쉬워지는 것입니다. 사회적 경험과 재능이 있다면 그런 것들을 국과 팀으로 실현할 수 있고, 경우에 따라 팀장까지 될 수 있습니다. 이것은 아주 중요한 장점입니다.

김 그렇다면 이 국과 팀 안에는 또 어떤 원칙이 있을까요?

백 국과 팀은 유연성을 강조합니다. 그래서 고정적인 팀도 있지만 사라지는 팀도 있습니다. 국과 팀으로 전환한 초기에는 기존에 있던 사역들을 그대로 살렸습니다. 대략 70팀 정도 됩니다. 새롭게 신설한 팀들은 30개 정도입니다. 신설한 팀은 필요에 따라 유지, 확장(국으로 승격)되기도 하고 사라지기도 합니다. 그리고 몇 년 후 다시 만들어지는 경우도 있습니다. 사역에 사람을 맞춘 것이 아니라, 사람에 사역을 맞췄기 때문에 그렇습니다.

그리고 한 사람이 팀장을 3년 이상 할 수 없다는 점도 유연성의 한 축이 됩니다. 팀장을 3년 했으면 무조건 다른 팀으로 옮겨야 합니다.

김 그렇게 하신 이유가 있을까요?

백 한 사람이 부서의 기득권을 가질 수 없게 만든 것입니다. 흔히 하는 말 중에 고인 물은 썩는다고 하지 않습니까. 교회도 마찬가지입니다.

한 부서에 너무 오래있다 보면 내가 주인이 되어 버리고 자신의 경험과 가치관이 전부인양 고정이 되는 순간 썩는 것입니다. 자신도 모르게 주변을 힘들게 만들기도 하고, 인지하지 못한 사이에 내가 주인이 되어서 그 부서에 해를 끼치게 되기도 합니다. 그래서 팀장들은 3년의 제한을 두고 옮기게 됩니다.

김 그 기간이 3년이라는 것이죠? 서운해 하지 않나요?

백 서운해 합니다.(웃음)

김 교회학교 부서들도 다 그렇게 하시는 거죠?

백 그렇습니다. 다른 팀에 잠깐 갔다가 다시 오더라도 3년이 되면 다른 부서로 옮겨가야 합니다. 처음엔 반발이 심했고 아픔도 있었습니다.

그런데 건강한 교회가 되기 위해서는 싸우면서라도 바꿔야 합니다. 그래서 제가 목회철학을 싸움이라고 이야기하는 겁니다. 그 동안 봉사했던 부서를 내려놓고 다른 부서로 가라 할 때 많은 교사들이 불편해 했습니다. 혹은 내가 여기서도 몇 년을 봉사했는데 왜 가라고 하냐, 이건 교사를 그만 두라는 것 아니냐 라는 불만의 소리도 있었습니다. 그 때에 교회학교 담당 목사가 많이 힘들었고 부딪혀야만 했습니다. 그렇지만 건강한 시스템을 위해서는 이런 제도가 필요했기에 추진했습니다.

김1 지금은 다른 팀을 이해하는 많은 계기가 됩니다. 무엇보다 부서 이기주의가 없어졌습니다. 보통 한 곳에만 있으면 '우리 팀', '우리 부서'만 생각하게 되는데, 이제는 아닙니다. '다른 팀', '다른 부서'도 함께 생각합니다. 그러니 서로 객관화가 되고, 다른 팀을 더 이해하게 되고 결국 연합하기가 수월해졌습니다.

김 다른 문제점은 없었나요?

박 문제점도 있었습니다. 어쩔 수 없이 경험 있는 교사들이 많이 물러났습니다. 그게 유일한 단점이었습니다. 한 부서에 20년 있었다 해도 좋은 분이면 그분은 장점이됩니다. 그런 분들은 어린이들에 대한 이해도 분명하고 어떤 것을 가르쳐야 하는지에 대한 이해도 분명합니다. 그런데 그분들이 다른 부서로 넘어가게 되면 적응을 못하는 경우가 생깁니다. 예를 들어 중등부를 오래 하신 분이 유년부 1학년, 2학년 아이들을 만나면 적응을 못하는 겁니다. 20년 동안 만난 청소년들에게 익숙하시기 때문입니다. 어떻게 보면 숙련된 자원을 잃어버리게 된 것입니다.

그런데 단점에 비해 장점이 크다고 생각합니다. 선순환이 일어납니다. 한 부서에 오래 있으면 그분들이 전도사들까지 면박을 주실 때도 있습니다. 심지어 설교까지 터치를 합니다. 부서의 행사를 할 때도, 본인들이 과거에 했었던 경험들이 기초가 돼서, 새로운 것들을 받아들이지 못합니다. 부서 봉사를 위해 청년들이 오면 그들의 미숙함을 혼내는 경우도 있었습니다. 그런데 3년 제도로 바꾸면서 그게 완전히 없어졌습니다. 그리고 진입장벽이 낮아져서 새로운 교사들이 많이 들어오게 되는 계기가 되었고, 굉장한 선순환이 일어나게 되었습니다.

김 조금 예민한 질문을 드리고 싶은데요. 사실, 교회안의 기득권세력은 장로님들이잖아요. 장로님들에 대해서는 어떤 변화를 주셨나요?

백 국과 팀으로 변화하면서 장로님들도 힘들어 했습니다. 그 이유는 옛날에는 내가 주관이 되었는데, 이제 팀장들이 주관이 되어서 모든 일을 진행하니까 불편해 하는 분들도 있었습니다. 그러나 그럼에도 불구하고 담임목사가 건강한 교회로 가려고 하는 것이니 적극적으로 후원해 주셨습니다. 그리고 감사하게도 정말 많은 기득권을 내려놓으셨습니다.

김 어떤 부분이 있을까요?

백 **'장로회장제도'가 그것입니다.** 장로가 된지 오래되신 분을 선임 장로라고 부릅니다. 그래서 선임 장로와 담임목사가 주축이 되어 당회를 이끌어 가는데, 보통 선임 장로는 은퇴할 때까지 계속 합니다. 그래서 선임 장로 자리는 거룩한 부담도 있지만 때론 기득권이 됩니다. 저는 이것이 합리적이지 못하다고 생각했습니다. **그래서 '장로회장제도'를 실시했습니다.**

김 '장로회장제도'요? 그럼 이제 선임 장로라는 이름은 없고, 회장 장로라는 이름만 있는 건가요?

백 선임 장로님은 여전히 존재합니다. 선임 장로라고 하는 것은 제일 먼저 되신 분을 선임이라고 이야기하지만, 장로 회장이라고 하는 것은 장로님 중 대표가 되는 것입니다. 장로 회장으로서 담임목사와 함께 일을 해 나갑니다.

장로회장제도에 적극적으로 찬성하는 장로님들이 있었지만, 불편해하는 분들도 있었습니다. 그래서 '장로회장제도'를 준비할 때에 선임 장로님하고 여러 차례 진지하게 대화를 했습니다. 이것이 미래를 내다보면 건강하고 꼭 필요한 제도임을 설명해 드렸고 결국 넓은 마음으로 이해해주셨습니다.

김 놀라운 이야기네요. 그럼 장로회장은 기한이 얼마나 되나요?

백 2년제입니다. 돌이켜보면 장로님들에게 정말 감사한 마음입니다. 그리고 이러한 시스템 변화 그 후로 교회의 온도와 체질은 자연스럽게 변하고 있습니다.

김 또 어떤 변화가 있었나요?

백 우리 교회는 아픔을 겪었던 교회이기 때문에 장로님들이 기득권을 더 내려놓아야 한다고 생각이 들었습니다. 그래서 실시한 것이 '장로안식년제도'입니다.

김 와.... 안식년까지 있습니까?

백 성경에 안식년 제도가 있습니다. 성경에서는, "6년을 일 했으면 1년을 안식하자"라고 제시합니다. 그래서 우리 선임 장로님부터 시작해 6년을 사역 했으면 1년씩 안식하기로 했습니다. 그래서 돌아가면서 2명씩, 1년 안식하는 시간을 갖습니다. 교회의 모든 직책을 내려놓고 쉼을 통해 자신을 점검하고 돌아보게 됩니다.

김 혹시 장로님들이 안식할 때는 어떤 지침이 있나요?

백 안식년에 해당되는 분은 우리교회에서 예배드려도 좋고, 아니면 다른 교회 가셔서 예배를 드려도 좋습니다. 추천하는 것은 작은 교회에 가셔서 안식년 기간 동안 섬기는 것입니다. 그리고 당회에 들어오지 않고, 어떤 사역이나 기도순서 등 교회의 대표성을 띄는 것들도 다 내려놓게 됩니다. 그렇게 하니 우리교회를 객관적으로 관찰하게 되고, 다른 교회와 비교하며 공부도 됩니다. 어떤 경우엔 우리교회가 하지 않는 사역에 관해서 연구하기도 합니다.

저는 '장로안식년제도'는 꼭 필요한, 건강한 제도라고 생각합니다. 담임목사인 저부터 철저하게 '나는 이교회의 주인이 아니다'라는 마음을 갖고 이 부분에 있어서 끊임없이 채찍질을 합니다. 그렇기에 장로님들도 함께 이 마음을 가져야 한다고 생각합니다. 우리 모두는 그저 청지기일 뿐입니다. 주님의 때에, 주님이 맡겨주신 교회를 섬길 수 있는 것입니다. 그저 써 주셔서 감사한 것입니다.

'장로안식년제도'를 적용해보니, 많은 것들이 달라졌습니다. 장로님들이 더 유연해지시고 겸손해지셨습니다. '확실히 많이 내려놓는구나' 라고 느껴집니다. 안식년 기간 동안 장로님들이 다른 교회를 다니면서 여러 가지를 보고 배우십니다. 이때 하나님의 만져주심이 있는 것 같습니다. 어떤 장로님은 안식년 동안 다른 여러 교회를 다니시며 공부를 해서 모은 자료를 가득 가져오시기도 하십니다. 다른 교회의 장단점을 브리핑도 하시는 열정을 보여주셨습니다.

김 목사님 그런데 이 부분에 있어서 조금 더 깊은 질문을 드리고 싶은데요, 교회에 기득권을 내려놓는 것 너무 좋고, 주인이 하나님만 되시는 것도 너무 좋은데, **사실 그럼에도 불구하고 교회의 주인의식을 갖는 것, 이건 좋은 것 아닌가요?**

백 **그렇습니다. 그러나 '주인의식'을 갖는 것과 '주인행세'를 하는 것은 다릅니다.** 주인의식을 갖는 것은 책임을 지는 것입니다. 가정에서 온 식구들이 어려움이 있을 때에 가장은 책임지려고 하고 더 희생하려고 합니다. 그 이유는 자신의 행복과 가정의 행복이 동일하기 때문에 그렇습니다. 그런데 주인행세를 하는 것은 완전히 다릅니다. 책임지지 않고 희생하지도 않고, 세입자들만 괴롭힙니다. 그런 행세를 하는 것은 바람직하지 않습니다. 주인의식이 아니라 주인행세를 한다면 그것을 고치기 위해서 계속 싸워야 합니다. '목회는 싸움이니까요' (하하)

김 목사님의 그런 일관된 목회철학이 교회에 적용되는 모습을 보니, 참으로 귀감이 되고 너무 좋습니다. 조금 더 질문을 드리겠습니다. <증가교회>의 성장기 때, 예배는 어떤 변화가 없었을까요?

백 교회가 점점 성장함에 따라, 예배시간에 변화를 주었습니다.

김 어떻게 변화를 주셨지요?

백 보통 대예배의 개념을 3부 예배로 생각합니다. 특수한 경우가 아니라면, 한국교회의 대예배는 11시일 것입니다. 그리고 그 예배에 성도들이 몰리게 됩니다. 그럼 주차, 식사, 동선 등이 순환이 되지 않습니다. 요즘 같은 때는 코로나문제도 생각해야 합니다. <증가교회>도 이런 문제가 있었기에, 변화를 시도했습니다. 3부 예배를 둘로 나누었습니다.

1부 예배가 7시, 2부 예배가 9시, 3부가 11시였는데, 3부 예배를 기준으로 2부 예배를 한 시간 뒤로 늦추고, 3부 예배를 한 시간 뒤로 늦췄습니다. 즉, 10시와 12시 예배가 된 것입니다. 그렇게 바꾸니까 확실히 분산 효과가 있었습니다. 여러 가지 면에서 더 순환적 구조로 돌아가게 되었습니다.

김1 그런데 이론상으로는 이렇게 하면 좋지만, 이것이 생각보다 어려웠습니다. 성도님들에게 익숙해진 부분도 크고, 무엇보다 성도들의 의견수렴 없이 진행할 수 없었기에 의견을 수렴하는 과정이 간단하지는 않았습니다.

백 지금은 우리 교회에서 당연한 것이지만, 변화의 과정에서는 많이 힘들었습니다.

김 목사님, <증가교회> 성장기에 목사님 여기에 있어서 4년 동안 집중하셨던 설교 포인트 있으실까요?

백 설교스타일의 변화가 있습니다. 외적인 변화와 내적인 변화가 있습니다. 외적인 변화는 설교 강대상을 이전보다 이동하기 쉬운 가볍고 작은 강대상으로 바꾸었습니다. 그리고 설교문도 수첩에 작성하여 이동이 편하게 바꾸고 보니 성도들과 아이컨택(eye contact)도 잘 되고, 훨씬 친밀한 방식으로 변화됐습니다.

그리고 설교의 내적인 변화는 설교주제의 특성화를 들 수 있겠습니다. 천로역정을 주제로 처음부터 끝까지 설교를 한 적이 있었습니다. 그때는 마지막 설교에 맞추어 오후 집회시간에 천로역정 연극을 관람하기도 했습니다. 그리고 다윗의 영성만 가지고 계속해서 한 적도 있고, 예수님의 생애를 주제로 설교하기도 했습니다.

이렇게 변화를 시도했던 이유는, 교회가 성장하면서 저 역시 익숙함에 안주하고 싶지 않았기 때문입니다. 성도들과 소통하고 공감하는 설교를 하고 싶었습니다. 자주 들었던 방식의 설교가 아닌 완전히 다른 방식의 설교를 구사함으로써, 성도들에게 하나님의 말씀을 다각도로 접근할 수 있도록 열어주고 싶었습니다.

김 <증가교회>의 핵심이라고 할 수 있는 30대, 40대에 대해서는

어떻게 접근하셨나요? 요즘 한국교회에 가장 목회하기 어려운 대상이 30대, 40대라는 이야기를 들었습니다. 이들이 교회에 마음을 주지 않고, 결국 정착하지 않는다고 들었습니다.

백 우리교회도 쉽지는 않았습니다. 교회는 3040세대가 살아나야지 교회 학교도 살아납니다. 거꾸로 교회학교가 살아나야 3040세대가 살아나고 결국 교회가 젊어지고 역동적이게 됩니다. 어느 교회나 마찬가지일 것입니다. 그런데 제가 부임했을 때만 해도 성도 수는 줄었고 싸우면서도 교회를 지킨 연륜이 있으신 권사님, 집사님들이 대부분이였습니다. 그러나 지금은 주변의 재개발로 인해 젊은 세대가 꾸준히 부흥하고 있습니다. 그래서 어떻게 젊은 세대를 살릴 수 있을지 고민하며 부목사들과 함께 연구했습니다. 예배만 드리고 소속감이 없이 그냥 흩어지는 30대, 40대를 의도적으로 부부구역으로 만들어 담임목사를 포함, 모든 부목사들이 한 두 구역들을 맡아 소통하기 시작했습니다. 모든 구역의 구역예배 시작을 연합으로 함께 레스토랑을 빌려 모든 가족을 초대해 외식을 하며 구역예배에 대한 운영방법을 설명하며 우리 부목사들이 최대한으로 그들을 섬기며 젊은 세대에 맞게 시간을 운영했습니다. 그리고 매년 1년에 한 번은 어린이 날에 맞춰 교회가 MT형식의 모꼬지를 실시하기도 합니다. 아이들 중심으로 놀이동산 근처에 호텔을 얻어 즐겁게 게임도 하고 맛있는 것도 먹고 그 다음날은 구역끼리, 가족끼리 묶어 놀이동산에서 즐겁게 지내면서 시간을 보내게 합니다.

김 **예산이 엄청 났겠는데요?**

백 예산이 많이 들었습니다. 그래서 당회에서 토의가 있었지만, 젊은 세대를 위한 꼭 필요한 사역이어서 추진했습니다. 장로님들도 적극적으로 지지해 주었구요. 그 다음 해에도 똑같이 진행했는데, 훨씬 더 많은 숫자가 모였습니다. 열매가 있었던 것입니다.

김 30대, 40대를 살리기 위해 교육과 훈련프로그램보다는 소통 자체에 주력하신 것이네요.

김1 우리 교회가 어려움을 겪을 때 제일 방치된 세대가, 굳이 따지면 3040세대입니다. 교회가 싸우고, 어렵고, 수습하는 모든 기간에 30대, 40대는 말을 안 하고 숨어있었습니다. 그러나 아마 가장 많이 상처를 받고 시험에 들었던 사람들이었을 것입니다. 그래서 3040세대에 집중하게 되었습니다. 사실 목회 스케줄로 보았을 때, 어려운 시도였습니다. 하지만 사역이 많다고 사람을 포기할 순 없었습니다. 그랬더니 3040세대가 회복되고 정착하는 것을 볼 수 있었습니다. 그리고 이제는 구역에서 목회자가 빠져도 잘 운영되는 상황까지 왔습니다. 새로운 구역을 다시 만들고 그리고 또 연합하고 행복한 분위기가 이어지고 있습니다.

김 30대, 40대를 향한 교육프로그램은 없을까요?

김1 알파코스가 있습니다. 최근에는 알파코스를 통해 3040 구역으로 여전히 안 들어오는 분들을 자연스럽게 초대하고 있습니다. 이제는 알파코스에 집중할 계획입니다.

김 <증가교회> 성장기 때, 다음세대는 특별한 변화는 없었나요?

박 물론 다음세대에도 변화가 있습니다. 특별한 변화라고 하면 다음세대 전담목사를 세운 것입니다. 전담목사는 교구를 맡지 않고 다음세대만 주력합니다.

그래서 다음세대도 더불어 성장을 했습니다. 2년 동안 15% 가까이 성장을 했고 출석인원이 전년대비 50명 정도 늘었습니다. 이 부분에서 감사한 것은 앞에서 말한 것처럼 다음 세대가 살아나니 3040세대가 살고, 3040세대가 살아나니 다음세대가 살아나는 은혜의 순환이라는 것입니다. 3040세대가 단단해지니 미취학 아이들이 자연스럽게 늘어났습니다. 지금도 지속적으로 다음세대 부서가 늘어나고 있습니다.

김 제가 부목사님께 듣기로는 <증가교회>의 성장기에 있어서 중요한 포인트가 '섬김'이라고 들었습니다. 섬김이라는 것은 여러 가지 영역이 있지만, 교회적인 사역부터 이야기 해보고 싶습니다. 현재 증가교회가 섬기고 있는 영역은 어떤 부분에 있을까요?

백 **누군가 "목사의 존재 목적이 무엇이냐"라고 묻는다면, 저는 섬김이라고 말합니다.** 설교를 하는 것도 섬김이고, 신앙 베이직이나 제자대학도 모두 섬김입니다. 교회의 존재 목적은 전도요 선교지만, 다르게 표현하면 섬김이라고 생각합니다. 그렇기에 목사는 늘 고민해야 합니다. 교회는 늘 부담을 가져야 합니다. 지역을 어떻게 섬길 것인지, 지역을 섬기기 위해서 무엇을 할 수 있는 지 말입니다.

그래서 고민하고 연구했습니다. 연구해보니 가난한 가정이 생각보다 많이 있다는 것을 알게 되었습니다. 밥을 굶을 정도로 가난한 가정도 있음을 알게 되었습니다. 그래서 우리교회가 이 동네의 허기짐을 없애야겠다는 사명을 가지고 새로운 사역을 시작했습니다. 그것이 바로 '사랑의 쌀' 사역입니다.

김 '사랑의 쌀'은 어떤 식으로 이루어지는 섬김인가요?

백 '사랑의 쌀' 사역은, 우리교회를 중심으로 반경 1km 안에 있는 사람들을 위한 섬김 사역이었습니다. 지역주민에게 갑작스럽게 궁해지고 직장을 잃는 어려운 일이 발생해도 '밥은 굶지 않게 하자'는 취지로 쌀을 모았습니다. 교인들이 쌀독에 쌀을 넣는 헌신을 하면, 동네 있는 사람이라면 누구든지 가지고 갈수 있는

섬김 프로젝트였습니다.

처음에는 잘되었는데 나중에는 많이 변질되었습니다. 몇몇 동네 사람들은 욕심이 생겨서 무리하게 가지고 가는 일이 생겼습니다. 심지어 밤에 차를 대놓고 쌀을 모두 가져가는 사람도 있었습니다. 그래서 이제는 신청하는 분들에게 드리는 것으로 방식을 바꿨습니다. 누가 어렵다고 하면 추천받아서 배달해드립니다. 성도들이 특별한 행사가 있으면 사랑의 쌀을 위한 목적헌금을 합니다. 그런 목적헌금으로 사역을 이어가고 있습니다.

김 이거 너무 좋은 사역 같습니다. 밑 빠진 독에 물 붓기 같을 수도 있지만, 교회가 어쨌든 계속 퍼주고 나눠주는 모습을 보여주는 모습들을 보여줄 수 있으니까요. 혹시 다른 사역이 또 있을까요?

백 장학금사역이 있습니다. 가을이 되면 바자회를 하는데 그 때 나온 모든 수익은 지역에 어려운 사람들을 위해 사용합니다. 주요 대상은 소년소녀 가장과 편부모 아이들입니다. 주민 센터와 연계해서 돕게 됩니다. 보통 1인당 장학금을 30만원씩 지원해서 매번 1,000만 원 이상 도왔습니다. 몇 년 전에는 천사원을 방문해서 50개 가정에게 20만원씩, 1,000만원을 도왔습니다.

그런데 이렇게 지역을 위한 사역을 해도, 사람들에게는 기독교에 대한 부정적인 인식은 늘 있습니다. 교회를 자발적으로

오지 않습니다. 그래서 어떻게 하면 교회 밖 이웃들이 편안하게 교회에 올 수 있을지를 고민하고 나온 결과물이 '해피가재울'이라고 하는 문화 행사입니다. 1년에 한번, 가을에 문화 행사를 하는 것인데 이때 유명 가수나 문화인들을 초청합니다. 가수 윤형주, 에일리, 인순이 등 그 외에 특정세대에 어울릴 분들을 초대해서 진행했습니다. 섬김의 차원에서 하는 것입니다. 그런데 계속 되다보니 이제는 주민들이 기다리시는 지역의 행사로 되었습니다.

우리교회는 계속해서 지역과 소통해 나가려고 합니다. 지역에 필요한 것들을 찾아서 섬기려고 하고, 더 문턱을 낮추어서 지역주인들과 소통하려 늘 연구합니다.

김 지역 말고, 다른 영역에서 섬김을 하고 있는 영역은 없을까요?

백 **다른 차원의 섬김 사역도 있습니다.** 다른 교회가 부러워 하는 우리교회의 자랑인 사역이 있습니다. 바로 만백성 건축 사역입니다. **만백성이란 '만_ 만원 씩, 백_ 백 명이 모여서, 성_ 성전을 아름답게'라는 뜻입니다.** 이 사역은 올해로 18년째 되었습니다. **만백성 사역은 작은 교회가 경제적 힘이 없고, 너무 낡았는데 리모델링을 할 만한 여력은 없을 때, 그런 교회를 리모델링을 해주는 사역입니다.**

만백성 건축 사역은 봄과 가을에 한 번씩 진행합니다. 백 명

씨기씨봉 윤형주의
사랑노래이야기

주님의 이름으로
환영합니다
행복한 만남

이 1달에 1만원씩 섬기면, 6개월이면 600만원입니다. 그러면 전반기 600만원, 후반기 600만원씩 두 교회를 섬길 수 있게 되는데 이 사역이 가능할 수 있었던 것은 인력 인프라 때문입니다. 우리교회는 건축과 관련된 분들이 여러분 계십니다. 그분들이 직접 교회를 리모델링합니다.

지금은 한 달에 300-400명 이상 물질로 이 사역에 동참하고 있습니다. 그래서 전반기에 2천만원, 후반기에 2천만원이 모입니다. 그러면 건축에 관련된 봉사자들이 참여하게 되는데 월요일에 시작해서 금요일까지 봉사를 마무리 하면 토요일에는 마감 감사예배를 드리게 됩니다. 이 예배가 얼마나 감동스러운지 섬김을 받는 교회에게도 감격이 있지만 섬기는 우리교회에게도 너무나 큰 감격이 있는 아주 소중한 사역입니다.

최근에 어느 작은 교회 목사님이 저에게 이런 말을 합니다. “저는 만백성 재수를 했습니다.” 처음 신청했을 때는 떨어지고 이번에 되었는데 그것이 너무 감사해서 한 주간을 울면서 지냈다고 합니다. 그 말을 듣는데, 제가 더 감격이 되었습니다. 저는 이 사역이 50차, 100차까지 갔으면 좋겠습니다.

박 저희 부목사들도 ‘만백성’사역기간에는 목회일정을 잠시 하루를 멈추고 일손을 돕습니다. 몇 번 함께 했더니 저는 석고보드와 본드 칠의 달인이 됐습니다.(웃음)

김 또 교회를 향한 섬김으로 어떤 섬김이 더 있을까요?

백 우리 지방회에는 큰 교회도 있지만, 작은 교회들도 있습니다. 큰 교회보다는 작은 교회들이 더 많습니다. 작은 교회들을 돕고 싶었습니다. 그래서 장로님들과 상의를 해서 내린 결단이 있는데 **매년 7월 첫 주에 드리는 '맥추감사주일 헌금' 전액을 작은 교회들을 돕는 일에 사용하는 것입니다.** 그래서 40여개의 작은 교회 목사님과 사모님을 가장 외로울 수 있는 추석 2주 전에 힐튼호텔 뷔페로 초청합니다. 추석이 되면 작은 교회 목사님들 또한 오랜만에 가족도 만나니 재정적으로 조금이라도 도움을 주고 싶어 목회자 부부를 초청해 함께 식사로 섬기고 50만 원씩 정중하게 따뜻한 마음을 담아 섬기고 있습니다.

김 작은 교회 목회자이건, 큰 교회 목회자이건, 한국 사람이면 명절에는 항상 돈이 모자란 법이죠. 그런데 그런 것까지 고려해서 2주전 추석에 섬기는 모습이 귀감이 됩니다. 개척을 하려면 서지방회에서 해야겠네요.(웃음) 그런데 목사님 혹시, 국내 말고 해외 섬김에 관한 사역은 없을까요?

백 해외 섬김 사역도 여러 가지가 있습니다. 선교사를 파송하고 후원하는 것은 어느 교회나 다 할 것입니다. 저희 교회 또한 그렇습니다. **그러나 조금 더 보람 있는 사역이 있다면, 다른 선교**

세상을 변화시키는
아프리카
사랑의 우물파기

Living Water Project
(지하수 개발)
중가교회 / 러브씨드

사역과 더불어 아프리카에 우물을 팝니다.(웃음)

사람의 중요한 생존 조건중의 한 가지는 '물'입니다. 안전하게 물이 확보된 다음에 의식주가 해결될 수 있습니다. 그런데 물이 안전하게 확보된 나라가 많지 않다는 것을 알게 됐습니다. 특별히 아프리카는 더 그렇습니다. 그런데 하나의 우물을 만들기 위해서는 천만원이 듭니다. 작지 않은 돈입니다. 교회의 예산만으로는 할 수 없는 것입니다.

그래서 성도들에게 이 사역에 대한 마음을 나눴습니다. 성도들이 부담을 가질 수도 있겠지만 이것은 좋은 섬김의 사역이 확실했습니다. 그러자 얼마되지 않아 어느 권사님이 천만원을 가지고 왔습니다. 또 어떤 권사님은 10년 동안 적금 들었던 것을 가지고 와서 헌금하기도 합니다. 또 어느 분은 칠순 잔치인데 자녀들이 여행 가라고 마련해준 여비를 모아서 우물을 파기도 했습니다. 심지어 타 교회 권사님이 오셔서 천만원을 헌금하기도 했습니다. 그렇게 해서 18개나 팠습니다.

김 혹시 목사님도 우물을 파셨나요?

백 예, 저도 하나 팠습니다. 강한 감동이 왔습니다. 하나님 앞에 칭찬도 받고 싶고 목사도 섬김의 본을 보여야 한다고 생각되어 아내와 이야기 후에 3년 전에 약정하고 지난 해 말에 헌금을 드렸습니다. 목사 가정 또한 목돈을 모은다는 것이 쉽지 않았지만 열심히 저축해서 드릴 수 있었습니다. 우물을 하나 팠다는 것이 얼마나 감사한지 모릅니다.

김 또 다른 특별한 해외 섬김은 없을까요?

백 인도에서 '방과 후 학교' 후원 사역을 진행합니다. 큰돈은 아니지만 한 아이에게 2만원을 지원합니다. 월 50명씩, 백만원을 후원을 하고 있습니다. 이 사역은 올해 끝나게 됩니다. 하지만 후원자들을 모아 지속할 예정입니다.

정기후원으로 진행하는 사역은 끝나는 기간을 확실히 정해 둡니다. 혹 연장을 하게 된다면 자유롭게 할 수 있도록 기회를 열어줍니다. 그 이유는 성도들의 부담을 줄여주기 위해서입니다. 그리고 다른 분들이 참여할 수 있는 기회를 만들기 위해서이기도 합니다.

김 <증가교회> 성장기에 있어서, 이런 많은 사역들을 하니까 하나님이 더욱 성장시켜주시는 것은 아닐까 하는 역설적 생각도 드네요. 이런 사역들이 돈이 필요한 사역이지만, 돈으로만 하는 사역은 아니잖아요. 마음이 있어야 할 수 있는 사역이죠. <증가교회> 담임목사님이 이런 사역에 마음을 쏟으니, 하나님이 더 많은 것들을 채워주시는 것 같습니다.

더 이어서 질문하겠습니다. 이 섬김에 있어서 함께 사역하는 부교역자들에게, 특별하게 강조하는 부분이 있을까요? 혹은 어떤 팀워크가 있을까요?

김1 백운주 목사님은 부교역자들에게 섬김을 정말 강조하십니다. 그것이 말과 몸에 배이게 힘주어 말씀하십니다. 특별히 환우가 생겼을 때, 장례가 발생했을 때, 또 축하할 일이 있을 때, 부교역자들이 절대 놓치지 않도록 강조합니다. 그런데 부교역자만 찾아가는 것이 아니라 담임목사님이 최대한 함께 하십니다.

성도들은 부목사님들이 오셔도 좋아하지만, 담임목사님이 오시면 더 좋아하십니다. 언제나 성도님들은 담임목사님이 한 번 나에게 오셨으면 하는 마음이 있기 때문입니다. 또 담임목사님은 그런 성도님들의 마음을 아시기 때문에 "그냥 부목사 혼자 가서 심방해라" 하는 말을 거의 안하십니다. 피치 못할 상황이 아니면 같이 가십니다.

특히 1대 교구 어르신들 중에 배우자가 돌아가셔서 홀로 되신 분들이 계시면, 그분들을 잊지 않으십니다. 새해가 되면 그분들부터 심방하라고 지도하십니다. 혼자되고 처음 맞는 새해는 너무 쓸쓸하기 때문입니다. 이런 부분만 봐도 목사님이 강조하시는 섬김이 무엇인지 알 수 있으실 겁니다.

김 목사님 장례식에는 부교역자들 전원 참석한다고 들었는데, 이것이 굉장히 신선합니다. 사실 <증가교회>는 성도가 엄청 많기에, 이렇게 하는 것이 굉장히 피곤하고 비효율적일 수 있잖아요. 보통은 교구에 따른 부교역자들이 있고 그분들이 장례식장을 책임지는데, 목사님은 왜 부교역자 전원을 참석시키시는 건가요? 특별히 그렇게 하시는 이유가 있으신가요?

백 교회 활동도 많이 하시고 중직이셨던 분들 장례식에는 조문객들도 많습니다. 그런데 교회 활동이 없고 직책도 없는 분들은 장례식장이 썰렁합니다. 목회자라면 그런 일에 더 신경을 써야 한다고 생각합니다. 결혼식같이 좋은 일보다 장례에는 더 잘해 드려야겠다는 생각이 있습니다. 실제로 우리 목회자들이 전원이 다 가게 되면, 상주에게 그 자체가 감동을 주게 됩니다.

김 장례식과 반대로 결혼식에 대한 <목회철학>은 어떤 것이 있으신가요? 결혼식도 부교역자들의 전체 참석인가요?

백 아닙니다. 결혼식은 식사 때문에 부담을 주게 되니까, 가급적 담당교역자만 참석을 합니다. 결혼식에 대한 <목회철학>을 묻는다면, 다른 특별한 것이 있습니다. 그것을 한 문장으로 이야기하면, '신랑, 신부 주인공 만들기'입니다.(웃음)

결혼식을 진행할 때, 신랑과 신부는 주례자 앞에 서게 됩니다. 그리고 하객들은 신랑과 신부의 뒷모습만 봅니다. 얼굴보다는 뒷모습을 보는 시간이 더 많습니다. 그래서 가끔은 결혼식에 주례자가 주인공이 된 것 같기도 합니다. 저는 이것이 참 아쉬웠습니다. **그래서 저는 주례사 할 때 신랑과 신부가 청중을 향해서 돌아서게 합니다. 그리고 하객들에게는 저의 뒷모습을 보이고, 신랑신부가 하객을 향하는 가운데 주례를 합니다. 그날의 주인공은 신랑신부이기 때문입니다.** 그래서 주례를 할 때 "신랑, 신부가 오늘의 주인공입니다. 이들을 더 많이 보십시오"하고 뒤돌아 세우고 주례사를 합니다. 재미있는 것은 인천중앙교회의 어떤 권사님 부부가 이런 결혼식을 보고 은혜 받아서 인천중앙교회에 등록하신 분도 있습니다.(웃음)

김 저도 많은 특이한 주례를 보았지만 이런 것은 처음입니다. 그런데 작은 것 하나에도 성도를 사랑하는 마음이 느껴집니다. 그리고 여기에도 목사님의 목회방침과 철학이 드러나는 것 같습니다.

백 섬김의 목회에 주력하고 있습니다.

김 혹시 인상 깊은 결혼식 스토리가 있을까요?

백 교회에 한 청년이 결혼을 하는데 그 날은 제가 선교지에 있는 날짜였습니다. 결혼 주례를 담임목사인 저에게 받고 싶어하는 그 청년을 위해 고민하다 남은 하루 선교일정을 국장 장로님에게 위임하고 혼자 하루 일찍 귀국했습니다. 결혼은 신랑신부 두 사람에게 일생일대의 매우 중요한 일인데 담임목사한테 주례 받기를 원하는 그들에게 맞추는 것 또한 귀한 섬김이기에 쉬운 일은 아니었지만 하루 먼저 나와 청년의 주례를 해 주었습니다. 이 또한 그들에게 큰 감동이 되었습니다.

김 그 청년에게는 절대로 잊을 수 없는 결혼식이었을 것 같네요. 그리고 목사님은 결혼식이 끝난 후 신랑신부가 찾아와 감사하다고 봉투를 드리면 받으시고 다시 그대로 그들에게 돌려주실 때가 많다고 하던데 혹시 그렇게 하시는 이유가 있으신가요?

백 네, 대부분 다 돌려 줍니다. 그들 모두 내 아들, 딸들인데 더 주고 싶은 마음입니다. 그래서 인사로 봉투를 가지고 오면 청년들에게 고맙다. 내가 잘 받았고 이걸로 신혼여행 가서 쓰고 아니

면 신혼살림 장만에 쓰라고 하면서 다시 돌려 줍니다. 결혼하는 부부에게 진심으로 축복하며 보여주는 제 나름의 사랑표현입니다.

김 뭐 엄청나네요. 그러면 혹시 신혼부부들이 아이를 낳으면 주는 선물도 있나요?

백 있습니다.(웃음) 저희교회는 출산장려금이 있습니다. 첫 아이 출산 후 예배드리고 기도 받으러 오면 30만원, 둘째 때는 50만원, 셋째 아이면 정말 수고했다고 100만원을 줍니다. 온 성도들 앞에서 기도 받고 축하받으면서 말입니다.

김 참 오고 싶은 교회입니다. 목사님, 섬김에 있어서 미담이 너무 많으신데요. 마지막으로 한 가지만 더 특별한 것 없을까요?

백1 제가 한 가지 이야기를 하고 싶습니다.(웃음) 우리 목사님 생일이 되면 전교인에게 주일예배 후 저희가 식사대접을 합니다. 이것은 인천중앙교회 사역할 때부터 해 왔던 것 입니다. 그런데 인천중앙교회 성도들 중 처음에는 오해하는 분도 계셨습니다. 우리가 주일식사를 대접한다고 하니 그 후에 교인들에게 목사 생일을 알려서 뭘 바라는 것이 아닌가 하는 오해의 말도 들렸습니다.

백 그 말에 깜짝 놀라고 당황한 것은 저희 부부였습니다. 어떻게 우리 마음을 이렇게 오해할까, 섭섭하기도 하고 마음도 아팠습니다.

백1 우리의 선한 뜻이 다르게 전달된 것 같아 그 후엔 식사대접 하는 것을 망설이기도 했는데 그냥 하기로 하고 <증가교회>에서도 지금까지 하고 있습니다. 어느 해엔 생일 후 어느 권사님이 찾아오셨습니다. 내 평생 교회에서 목사님 생일이라고 밥 얻어먹기는 처음이라며 더불어 하나님 앞에 일찍 데려가지 않으시고 오래 살게 해서 이렇게 목사님의 생일 밥도 얻어먹게 해 주셔서 감사기도를 드렸다며 저에게 감사해 하셨습니다. 권사님의 그 마음이 저에게는 감동과 함께 반성의 마음으로 전달되었습니다.

김 미담이 끝이 없네요.

성숙기

김 연이어 질문을 드리겠습니다. 목사님 그동안 <증가교회>의 성장기에 대한 이야기를 해주셨는데, 이번에는 2017-2021년도까지 <증가교회> 현재 상황에 대해 이야기를 해보려고 합니다. 2017년부터 2021년까지를 어떻게 이야기를 정의를 할 수 있을까요.

백 지금 우리교회는 모든 진통을 다 극복하고 성장하였습니다. 그리고 이제는 성장을 넘어 성숙의 시간으로 나아가고 있다고 생각합니다. **한 단어로 말하자면 '성숙기'라고 할 수 있을 것 같습니다.**

김 <증가교회>의 성숙기 때에는 어떤 일이 있었는지 이야기 해주시면 좋겠습니다.

백 많은 간증들이 있습니다. 그 모든 간증들은 '하나님이 하셨습니다'라고 표현할 수 있을 것 같습니다. 그 시작은 저의 안식년이 아니었나 생각합니다.

김 목사님 목회를 몇 년 하시고 안식년을 보내신 거죠?

백 성경의 원리대로 만6년을 하고 7년째 접어들면서, 안식년을 갖고 3개월을 안식하기로 정했습니다. **1년을 쉬기에는 목회적 상황상 쉽지는 않은 문제여서 3개월만 하기로 했습니다.**

김 너무 적게 쉬신 거 아닌가 생각이 듭니다. 그런데 목사님은 왜 쉼을 생각하게 되신 건가요? 이 3개월의 쉼을 목사님이 교회에 요청한 것인가요?

백 그 당시 정말 몸과 마음이 다 지쳐있었습니다. 제 요청도 있었지만 장로님들이 쉼을 권유하셨습니다. 그 이유는 제가 몇 차례 받은 수술로 인해 회복이 필요했기 때문입니다. 충전의 시간이 필요하기도 했습니다.

김 목사님 쉬실 때에 어떤 것들을 경험하셨는지 이야기 해주시겠어요?

백 평소 목회자의 쉼은 오직 하늘나라에만 있다고 생각을 했습니다. 그리고 그런 마음으로 열정을 다해서 사역을 했는데, 사실 많이 탈진했습니다. 무엇보다 암수술을 받으면서 여러 가지 생각이 들었습니다. 마침 그때 묵상했던 말씀이 마가복음 6장 31절입니다.

> 이르시되 너희는 따로 한적한 곳에 가서 잠깐 쉬어라 하시니 이는 오고 가는 사람이 많아 음식 먹을 겨를도 없음이라 이에 배를 타고 따로 한적한 곳에 갈새 (마가복음 6장 31-32절)

예수님은 지쳐있었던 제자들에게 "너희는 따로 한적한 곳에 가서 잠깐 쉬어라" 라고 하신 이 말씀이 와 닿았고, 큰 위로가 되었습니다. 예수님은 제자들의 피곤함을 간과하셨던 분이 아니라는 것을 깨닫게 되었고 그래서 성경적인 이해와 현실적인 이해를 가지고 쉼이 필요하다 생각하여 결정했습니다.

그래서 고민했습니다. '어떻게 쉴 것인가' 그냥 그냥 쉴 것인가 아니면, 그동안 해보지 못한 창조적인 것들을 도전하며 쉴 것인가. 고민 끝에 후자를 선택했습니다. 그래서 저의 버킷리스트이었던, 여행을 하기로 했습니다. 45일 일정으로 유럽 배낭여

행을 했고, 마지막 일주일은 스페인의 순례 길을 걷고 왔습니다.

김 목사님 그때에 느끼셨던 것들을 이야기 해주시겠어요?

백 안식년을 기점으로 보이지 않았던 것이 비로소 보이기 시작했습니다. 고은 시인의 '그 꽃'이라는 시가 있잖아요. "내려갈 때 보았네/ 올라갈 때 보지 못한/ 그 꽃" 시처럼 쉼을 통해서 보이지 않았던 것들이 보이게 되었고 속도를 늦추니까 그 동안 보지 못했던 것들이 보였습니다.

김 목사님 어떤 것이 보이게 되었나요?

백 **교회가 다시 보였습니다. 너무나 사랑하는 <증가교회>가 객관적으로 보이는 겁니다.** 떨어져 있으니까 크게 보이는 부분이 있었습니다. 앞으로 해야 할 일이 보이고 무엇이 본질인지, 무엇이 부족한지, 사명이 무엇인지를 다시 생각해 볼 수 있는 시간이었습니다.

무엇보다 함께하는 사람의 소중함이 보였습니다. 지금까지 사역하면서 부목사님들을 소모품이라고 생각한 적은 없습니다. 늘 그들을 세워주려 했습니다. 그런데 더 많이 세워주지 못한 제 모습이 보였습니다. <증가교회>의 회복과 성장은 저 혼자

만의 노력으로 된 것이 아닙니다. 우리 부목사님들의 헌신과 노력으로 만들어졌음을 깨달았습니다. 그래서 부목사님들에게도 안식년을 주었습니다. 제가 먼저 3개월을 안식했으니, 부목사님들에게는 1개월을 재정지원과 함께 안식월을 주었습니다. 6년을 부목사로 사역한 목회자에게 순차적으로 시행할 수 있도록 했습니다. 또 전도사에게도 동일하게 적용했습니다. 파트타임 전도사이지만 오랫동안 사역을 한 전도사에게 쉼이 필요하다고 생각되어 유급으로 2개월의 쉬는 시간을 주었습니다.

김 **전도사에게도 2개월이나요? 그것도 유급으로요?**

백 전도사님도 <증가교회> 목회팀의 일원으로서, 많이 헌신하는 분들이라고 생각합니다. 한 전도사가 탈진되어 "목회를 그만두고 싶다"고 이야기 할 때 내가 쉬면서 회복된 것이 많았기 때문에 장로님들과 상의한 후, 전도사님에게도 안식의 시간을 주었습니다.

김 성결교단 최초인 것 같아요. 전도사에게 안식월을 준 것은. 그분에게는 잊을 수 없는 사랑과 섬김을 느꼈을 것 같습니다.

백 그렇습니까?(웃음) 중요한 것은 그 전도사님이 쉰 다음에 에너지가 충만하고 회복되어 왔다는 것입니다.

그리고 장로님들에게도 안식년을 주기 시작했습니다. 장로님들에게 안식년을 준 이유는 두 가지 의미입니다. 첫 번째는 장로님들에게도 쉼과 환기가 필요하다는 것입니다. 두 번째는 기득권을 내려놓자는 의미입니다. 계속 말하지만 주님이 기뻐하시는 교회가 되기 위해서 장로님들도 6년이 지나면 선임 장로님부터 두 분씩 안식년을 이어가고 있습니다.

김 장로님들 쉬시는 기간은 얼마나 되나요?

김1 1년입니다. 장로님들은 1년 동안 쉬면서 교회 사역을 다 내려놓습니다. 앞에서도 설명했습니다만 그 기간 동안 다른 교회도 탐방하고 섬기고 연구도 합니다.

김 목사님 조금 날카로운 질문인데 장로님들까지 안식년을 가지니, 교회가 진짜 선순환이 되나요?

백 굉장한 선순환이 있었습니다. 제가 안식하면서 느꼈던 힘이 있었고, 안식으로 채워진 새로운 에너지들이 있었습니다. 동일하게 우리 장로님들에게도 적용될 수 있다고 믿습니다. **<증가교회>가 새로워지기 위해서는 담임목사, 사역자들 그리고 장로님들도 안식년이 필요합니다.**

김 교회가 안식을 통해서 침체되는 것이 아니라, 더 새로워지는 기회가 되는 것이네요.

백 그렇습니다.

김 성숙기 때 <증가교회>가 추구했던 다른 방향은 없을까요?

백 교회 내 리모델링을 말할 수 있습니다. 사실 저는 공간의 의미를 작게 생각했습니다. 그러나 사역을 하면서 느낀 것은 <목회철학>은 공간에도 표현되어야 한다는 것입니다. 목회철학이 많은 부분 반영되는 곳이 교회공간이라는 것을 깨달았습니다. 마음 같아서는 교회 건축을 하고 싶지만, 제가 부임하기 전에 이미 건축이 끝난 상태였기 때문에 건축은 할 수 없습니다. 그래서 리모델링을 시작했습니다.

김 그럼 목사님의 어떤 <목회철학>을 중점으로 리모델링이 되었나요?

백 쉽게 표현해서 백화점 같은 교회라 할 수 있습니다.(웃음) 개척교회나 작은 교회는 적용되지 않겠지만, 어느 정도 규모 있는 교회들은 동선이 참으로 중요합니다. 교회는 예배뿐 아니라, 많은 것들이 진행되는 공간입니다. 백화점처럼 옷만 사는 것이 아니고, 밥도 먹고, 커피도 마시고, 아이들도 뛰어놀 수 있는 공간이 필요합니다. 원-스탑쇼핑(one-stop shopping) 개념이 교회 공간에 실현될 필요가 있습니다. 그런데 우리교회는 공간적으로 부족한 점이 있어서 그 문제를 해소하기 위한 리모델링을 했습니다.

김 무엇이 가장 부족한가요?

백 첫째, 쉼터가 없습니다. 카페 같은 공간이 없는 것입니다.

김 어? 교회가 이렇게 큰데 쉼터가 없나요?

백 그래서 특히 젊은 세대들은 머물 공간이 없었습니다. 그러니 젊은 세대는 예배드리고 썰물처럼 빠져나갑니다. 저는 그것이 너무 마음 아팠습니다. 그래서 리모델링의 중점과제는 쉼터를 만드는 것이었습니다.

그리고 예배실에도 아쉬움이 있어서 400석 정도 되는 중예배실을 만들었습니다. 중예배실의 기능은 수요집회, 금요집회, 아버지학교, 알파코스, 청년예배실로 쓰입니다.

마지막으로 개인 기도실이 없는 것이 아쉬웠습니다. 함께 기도할 수 있는 공간은 있지만, 개인이 마음을 쏟고 기도할 수 있는 곳은 없었습니다. 맘껏 기도할 수 있는 공간이 반드시 필요하다고 생각했습니다. 그래서 방음장치가 구비된 개인기도실을 만들었습니다.

대예배당은 큰 변화를 주진 않았습니다. 음향시스템 확장과 LED스크린을 설치한 정도입니다. 익숙한 곳을 더 익숙하게 하기 위해, 업그레이드 정도만 했습니다.

김 목사님 이 공간적 변화를 <증가교회>목회초기에 두지 않고, 성숙기에 두시는 이유가 있을까요?

백 **핵심적인 질문입니다.** 리모델링에 대한 생각은 부임 초부터 있었습니다. 그런데 교회가 어렵고 갈등 중에 있다 보니 리모델링을 추진해서는 안 되겠다 생각했습니다. 눈에는 보이고 아쉬움은 있는데, 그것보다 시급한 것이 성도들의 마음을 회복시키고 갈등을 해결하는 것이었습니다.

우리 <증가교회>를 배에 비유하자면 여객선 같다고 생각합니다. 작은 통통배는 방향을 한꺼번에 바꿀 수 있지만, 여객선은 다릅니다. 방향을 조금씩 조금씩 바꾸어야 합니다. 그래야 승객이 멀미도 하지 않고, 사고가 나지 않습니다. 그래서 저는 배를 돌릴 적절한 타이밍을 구했고, 그것이 지금이라는 생각이 듭니다. 이제 <증가교회>는 성숙합니다. 언제든지 변화를 받아들일 준비가 된 것입니다.

결론

김 목사님 몇 주 동안 정말 많은 이야기를 나누었습니다. 이 책을 만들면서 가장 유익이 된 사람은 저 자신인 것 같습니다. 이제 이 책의 결론을 맺어야 할 때가 왔습니다. 이 책의 결론을 어떻게 맺는 것이 좋을지 한참을 고민했습니다.

그래서 생각했는데, 이 책의 결론을 '후배들을 위한 서신'으로 쓰는 것이 어떨까 라는 생각을 해보게 되었습니다. 목사님의 후배 목사님들, 후배 전도사님들, 후배 신학생들에게 해주고 싶은 이야기가 있다면 어떤 것이 있을까요?

백 **목회자는 과정에 의해서 만들어지는 사람입니다. 그 과정을 통해 '성품'이 만들어집니다.** 설교를 못하면, 배우면 됩니다. 신학지식이 부족해도 역시 배우면 됩니다. 사역도 마찬가지입니다. 그러나 성품은 아닙니다. 배워서 되는 것도 아니고 노력해서 되는 것도 아닙니다. 성품은 만들어지는 것입니다. 깨지고, 부서지고, 깎아지는 과정이 필요한 것입니다.

대략 담임목회는 길게는 40년을 하게 되는데, 항상 문제가 되는 단초는 목회자의 성품에 있다고 생각합니다. 반대로 목회가 잘 되는 것도 성품에 의해 결정된다고 생각합니다. 그렇기에 신학생 때부터 성품을 준비해야 합니다.

김 성품을 어떻게 준비할 수 있을까요? 보통 타고난 성품은 잘 변하기 힘들지 않나요?

백 타고난 성품이 변화 되느냐, 안 되느냐 하는 것은 논쟁의 여지가 있습니다. 그러나 타고난 성품 위에 성령이 새롭게 만드시는 성품이 있습니다. 갈라디아서에 나오는 성령의 9가지 열매는 성품과 연관이 있습니다. 성령께서 우리 가운데 내주하심으로, 신의 성품에 참여하는 자가 되는 것입니다. 타고난 성품도 하나님을 만나면 성령의 열매를 맺는 성품으로 반드시 변할 수 있습니다. 그래서 성품을 준비하라고 말하는 것입니다. 좋은 나무는 좋은 열매를 맺고 나쁜 나무는 나쁜 열매를 맺는다는 것처럼, 성령이 주시는 성품을 만들기 위해 하나님과의 관계가 중요합니다. 그래서 사역자들이 항상 하나님과의 관계 가운데 머물러 있다면, 우리 성품은 성령의 열매를 맺을 수밖에 없습니다.

젊은 날에는 자신에게 주어진 길을 피하지 않고 걸어가는 훈련이 필요합니다. 보통 젊은 목회자는 계산이 빠릅니다. 유익이 되는 길과 손해를 보는 길을 빠르게 계산해 봅니다. 그러나 그런 계산이 반드시 좋은 결과를 가지고 오는 것은 아닙니다.

제가 <인천중앙교회>에 있을 때 일입니다. 늦게 신학을 공부한 전도사님이 있었습니다. 공부가 끝나고 사역을 위해 다른 교회로 떠났는데 그 교회에서 사역한지 반년정도가 되었을 때, 그 전도사에게 찾아오고 싶다는 다급한 연락이 왔습니다. 그래서 만났더니 담임목사님과 안맞아 사역이 너무 힘들다는 것입니다. 혹시 좋은 교회 있으면 소개시켜 달라고 부탁하는 그에게 이렇게 말했습니다.

"K전도사 그 교회, 그 목사님과 함께 사역하는 것이 어찌 우연이겠나! K전도사가 그 교회를 간 것은 하나님이 보낸 것이니 힘들어도 잘 견디기를 바라네."

젊은 목회자들과 신학생들에게 동일한 말을 해주고 싶습니다. 교회 사역을 자신에게 맞추기 보다는 자신을 교회 사역에 맞추어 좀 더 하나님이 원하시는 성품으로 훈련되기를 바랍니다.

김 목사님 성품 부분에서 조금 더 여쭈어 보고 싶은 부분이 있는데요. 확실히 부교역자들이던 전도사들이던 다듬어지지 않는 성품의 사람과 다듬어진 성품의 사람이 있을 때, 사역에서 그 열매의 차이가 확실히 나나요?

백 큰 차이가 납니다. 같이 사역하다 보면 열매로 드러납니다. 사역자의 열매는, 담당하고 있는 부서가 하나 되고 연합하고 있는지를 보면 알 수 있습니다. 하나님의 은혜가 있는 성품을 소유한 사역자에게는 반드시 연합의 열매가 있고, 서로 사랑하게 하는 열매가 있습니다. 혹 부서가 양적으로 성장을 해도, 사랑으로 연합하고 있지 않다면 그것은 생각해보아야 할 부분입니다.

김 너무 귀한 이야기입니다. 지난번에 목사님이 해주신 이야기가 생각나네요. **"대부분 목회가 실패하는 이유는 <목회철학>의 부재인데, <목회철학>의 부재는 하나님에 대한 이해의 부족이 아니라 사람에 대한 이해가 없기 때문이다"** 라고 하신 말씀이요. 혹시 또 다른 부분 권면해주고 싶은 것이 있을까요?

백 이번엔 '영성'에 대해 권면하고 싶습니다. **영성은 하루아침에 생기는 것이 아닙니다. 스스로 갖는 자부심이나, 자의식으로 생기는 것은 더더욱 아닙니다.** 어떤 운동선수도 하루아침에 만들어지지 않는 것처럼 영성도 하루아침에 생기지 않습니다. 매일 꾸준히 영성관리를 해야 아주 조금씩 자라납니다.

기도와 말씀이 없으면 영성은 생성될 수 없습니다. 영성은 고독하게 하나님과의 관계 속에서 키워내는 것입니다.

김 저는 이 말에 확실히 공감합니다. 신학생들이 현장 사역에 투입이 되면, 자신의 시간은 포기할 수밖에 없는 것 같아요. 더불어 영성이라는 것도 마찬가지죠. 영성을 키워낼 수 있는 시간이 없었습니다. 그런데 **돌이켜 보면, 신학교 다닐 때 시간이 '없다', '정말 없다'라고 해도 신학교 다닐 때가 시간이 가장 많은 것 같아요.** 목사님 또 조언해 주실 다른 부분이 있을까요?

백 동기들을 소중하게 여기라고 말하고 싶습니다. 결국 내 옆에 남아 있는 것은 동기밖에 없습니다. 동기는 평생 갑니다. 때로 경쟁관계가 되기도 하고 싸우기도 하지만, 결국 끝까지 가는 사이입니다. 그렇기에 그들을 소중하게 여기고 함께하는 지혜를 배워야 합니다.

김 목사님 동기들과 좋은 관계를 유지하는 비결이 있을까요?

백 **섬김입니다. 어떤 것을 하든, 내가 좀 더 희생하면 됩니다.** 희생을 하면 하나를 잃어버리는 것 같지만, 결국에는 동기를 얻습니다. 친구를 만들게 되는 것입니다. 결국 그것이 더 큰 것을 얻는 겁니다. 그리고 동기이기에 경쟁이 붙어도 이기려하지 말고 지는 연습을 하면, 결국 사람을 얻습니다. 이것은 제가 세월을 통해 얻은 지혜입니다.

김 목사님 그렇다면 현재 사역하고 있는 부교역자들에게 해주고 싶으신 말씀은 없을까요?

백 지금까지 이야기한 **'성품', '관계', '영성관리' 이런 것들은 누구에게나 동일하게 적용된다고 생각합니다.** 그러나 특별히 부목사님들에게 하고 싶은 이야기가 있습니다. 그것은 인정을 받으라는 것입니다. 먼저는 하나님께 인정받는 것이 가장 중요합니다. 그러나 예수님의 성장기에, "하나님과 사람들에게 사랑스러워져 갔다"라는 말씀이 있습니다. 예수님은 하나님뿐만 아니라, 사람들에게도 인정받는 인격이 있으셨던 것입니다. 저는 부목사라면, 특별히 담임목사와 교인들에게 인정받으라고 말하고 싶습니다. 그것이 실력이든, 성품이든, 관계이든, 인격이든 말입니다. **제가 젊었을 때 보지 못했던 것들이 이 나이가 되면서 보이는 것이 있습니다. 그것은 사랑받는 것도 미움 받는 것도 본인에게 달려 있다는 것입니다.**

설혹 그런 목사님과 교회가 있다면, 하나님이 그곳에 나를 보내셨다는 것을 의심하지 말고 그곳을 아름다운 곳으로 기경하라고 말해주고 싶습니다. 최선을 다하면, 하나님도, 사람도 분명 인정해 줄 것입니다. 그리고 그 때, 새로운 길이 열릴 것입니다.

김 깊게 새겨 들을만한 중요한 말이네요.

백 **사랑받을 사람은 사랑받게 합니다. 또 미움 받을 사람은 미움 받게 합니다.** 담임목사의 위치에서는 생각보다 많은 것들이 보입니다. **그러니 하나님 위치에서는 얼마나 많은 것들이 보이겠습니까. 그렇기에 저 역시도, 조심하려고 합니다.**

부목사님들에게는 또 중요하게 할 말이 있습니다. 어떤 교회를 가든 시작할 때도 중요하지만, 헤어질 때는 더 중요하다는 것입니다. 저희 아버지가 자주 하셨던 말이 있습니다. "이 우물 내가 안 먹는다고 침을 쉽게 뱉었는데, 머지않아서 그 우물을 내가 다시 퍼 마시게 된다"는 말입니다. 그러니까 항상 마무리를 잘하고 뒤를 돌아보라는 겁니다. 종종 부목사님들 중에 젊은 혈기로 담임목사와 다투고 헤어질 때가 있습니다. 그래서 "다시는 상종 안 해!"라고 하지만, 언젠가 그 사람에게 아쉬운 소리를 해야 할 때가 옵니다. 침을 뱉을 때는 다시는 이 우물 안 마실 것 같이 하지만, 머지않아서 그 물을 다시 퍼 마실 때가 옵니다. 그것이 인생입니다. 그것이 목회이고, 그것이 관계입니다.

김 굉장히 뼈가 있는 한마디를 하신 것 같네요.

백 우리 교단의 모든 후배들을 사랑하기에, 진심에서 나온 소리를 한 것 입니다.

김 목사님 이제 결론의 진짜 마지막 부분입니다. '성결교단에서 사역자'로서 자부심과 자긍심에 대해서 이야기 해주시면 감사하겠습니다.

백 나는 성결교단의 목회자인 것이 정말 행복합니다. 정말 자랑스럽습니다. 미국에서 유학하면서 보니 성결교단은 작은 교단입니다. 미국에서는 우리 교단이 무엇인지도 모릅니다. 그래서 유학초기 외롭고 어려움을 겪기도 했습니다. 그러나 우리 성결교단은 엄청난 에너지를 가지고 있습니다. 그 에너지는 결코 작지 않습니다. 우리가 가진 복음의 진정성은 엄청난 에너지입니다. 우리 교단이 표방하고 있는 '사중복음'이 얼마나 아름다운지 모르겠습니다. **'중생, 성결, 신유, 재림'이라는 진리는, 전 교단을 초월하는 힘을 가지고 있습니다.**

저는 이 사중복음이 자랑스럽습니다. 사중복음은 철저하게 예수중심의 방향에서 나온 복음입니다. 사랑하는 성결교단의 후배 사역자들, 신학생들이 이 진리에 자부심을 가졌으면 좋겠습니다.

에필로그

누군가 나에게 목회의 롤 모델이 누구냐고 물으면 한경직 목사님을 꼽는다. 가까이서 뵌 적은 없지만 그 분이 한국교회에 남긴 영적 유산은 나에게도 적지 않은 영향을 끼쳤기 때문이다. 이런 이야기를 들었다. 한경직 목사님이 은퇴 후 거주했던 남한산성에 후배 목사들이 찾아와 이런 질문을 했단다. "목사님, 후배 목사들에게 조언 한 마디 해 주시죠." 그랬더니 한 목사님이 하시는 말씀, "목사님들, 예수 잘 믿으세요." 이 말씀은 또 다른 목회의 산을 오르고 있는 나에게도 메아리가 되어 들려왔다. "목사님들, 예수 잘 믿으세요."

학문적 내용으로 책을 냈다면 이렇게까지 조심스럽지는 않았을 것이다. 배우고 깨달은 것들을 나누겠다는 마음이면 거리낄 것이 없기 때문이다. 그런데 지금도 진행형인 목회현장을 나누자니 자칫 내 자랑이 되지 않을까 하는 걱정이 많다. 나 자신을 드러내는 것을 태생적으로 싫어하기 때문이다. 하지만 동역하고 있는 목회자들의 조언이 도움이 되었다. "목사님, 자기 자랑이 아닌 후배들을 위해 경험을 나눈다 생각하시면 좋지 않을까요." 그들의 격려가 아니었다면 책 낼 엄두가 나지 않았을 것이다. 여전히 부족하지만 예수 잘 믿는 목사가 되겠다는 마음으로 지금까지 왔다. 탈진해서 더 이상 힘을 낼 수 없는 상황도 있었지만 그 때마다 주님은 말씀으로 이끌어 주셨고 새 힘을 공급해 주셨다. 그 은혜를 나누고 싶었다. 미약하나마 지금도 현장에서 수고와 노력을 아끼지 않는 목회자들에게 작은 도움이라도 되었으면 하는 마음뿐이다.

나는 작은 교회 목회자들에게 항상 빚진 마음이 있다. 내가 그들과 달라서 지금의 목회를 하고 있는 것이 아님을 알기 때문이다. 특히 코로나로 인해 더 힘든 사역을 하고 있을 그들을 생각하면 마음이 무겁다. 코로나로 인해 목회현장이 많이 바뀔 것이라 예상하는 분들이 많다. 변화의 진동은 곳곳에서 감지되고 있다. 지난 시간 힘든 경험을 통해 축적된 목회 데이터가 무용지물이 될지도 모르겠다는 생각도 든다. 하지만 구체적인 방법에 있어서는 새로운 길을 찾아야 할지 몰라도 중심축은 바뀌지 않았다. 오직예수, 오직말씀의 중심축은 여전히 확고하다. 하나님이 기뻐하시는 교회를 추구하며 말씀대로 설교하고, 말씀대로 목회하고, 말씀대로 살아가면 결국 주님이 하실 것이다. 힘들고 어렵더라도 변화를 직감하고 있을 작은 교회 목회자들과 모든 목회자들에게 주님의 인도하심이 더 풍성하길 기도한다. 목회의 길을 가고 있고 그 길 어딘가에서 만나게 될 모든 이들에게 주님의 역사하심이 가득하길 진심으로 축복한다. 찬미예수!